퍼스널 애자일
퍼스널 칸반

일의 지도를 그리고, 삶을 제대로 항해하기

퍼스널 애자일
퍼스널 칸반

짐 벤슨, 토니안 드마리아 배리 지음 | 박성진 옮김

KOOFA BOOKs

퍼스널 칸반의 4단계

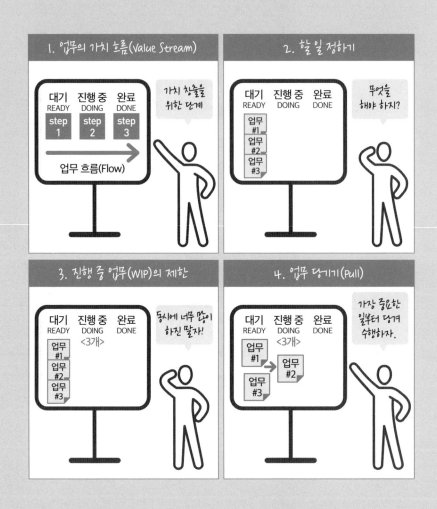

칸반Kan-ban 은 '간판(看板)'의 일본식 발음이다.

퍼스널 칸반은 생산성 그 이상이다

퍼스널 칸반은

1) 생산성(productivity) 도구이다.
- 진행 중 업무의 개수(WIP)를 제한하면 더 많은 업무를 완수할 수 있다.

2) 효율성(efficiency) 도구이다.
- 가치 흐름(value stream)에 집중하면 적은 노력으로 더 많은 일을 할 수 있다.

더 많은 완수!   더 적은 수고!

3) 효과성(effectiveness) 도구이다.
- 가능한 대안들을 명확히 파악하면, 감이 아닌 정보로 의사결정을 할 수 있다.

대기 READY	진행 중 DOING	완료 DONE
업무	업무	업무
업무		업무

본다, 고로 나는 행할 수 있다.

퍼스널 칸반은 업무의 맥락을 파악할 수 있게 함으로써, 단순한 생산성 productivity 을 넘어 진정한 효율성 efficiency 과 효과성 effectiveness 을 경험할 수 있게 해준다.

한국 독자들에게

토니안 드마리아Tonianne DeMaria와 함께 이 책을 쓰기로 결정했을 때, 나는 미 서부 시애틀에 살고 있었고, 토니안은 동부 워싱턴 D.C.에 살고 있었다. 우리는 서로 3천 마일이나 떨어진 곳에 있었지만, 그럼에도 매일같이 함께 글을 썼다. 마치 같은 사무실에서 일하는 사람들처럼, 아니 그보다 더 긴밀하게 함께 글을 써나갔다.

당시 우리는 소통을 위해 스카이프Skype의 음성 통화를 사용하여 소통을 했다. 그리고 구글 독스Google Docs 공유 워드 파일을 열어 함께 글을 썼다. 말하자면 '짝 글쓰기pair writing'를 한 것이다. 그렇게 둘이 함께 같은 단락을 동시에 쓰는 경우가 많았다.

듣는 사람에 따라서는 혼란스럽거나 산만한 작업으로 느껴질지도 모르겠지만, 전혀 그렇지 않았다. 이것은 마치 건축과 수술, 재즈의 묘한 '마리아

주'와 같았다. 우리는 함께 쓰고, 함께 고쳤고, 때론 함께 즉흥 연주를 했다.

그렇다. 우리는 그렇게 협업collaborating 을 했다.

돌이켜 보건대, 이 책에서 충분히 다루지 못한 메시지가 하나 있다면, 그것은 바로 '그 누구도 결코 혼자서 일할 수 없다'는 사실이다. 우리의 일은 항상 누군가를 위한 것이고, 누군가와 함께 하는 것이다.

우리는 회사에서 다른 사람들과 함께 모여(꼭 물리적인 의미로서만이 아니라) 일을 한다. 그래서 '회사(會: 모일 회, 社: 모일 사)'라고 부른다.

여러분이 이 책을 읽고 나서 퍼스널 칸반 보드를 만들어야겠다는 마음이 든다면, 이것 하나만 확실히 기억하자. 회사의 일뿐만 아니라 여러분 자신이나 자녀, 혹은 그 밖의 무엇을 위한 일이든지, '일은 관계다.Work is relationship '라는 사실을 말이다. 이것이 바로 우리가 다른 사람들과 함께 가치를 창출하기 위해 일하는 방식인 것이다.

단언컨대, 이 특별한 책을 집필하는 데 들인 시간은 토니안과 나 모두에게 최고의 협업이었고, 최고의 업무 경험이었으며, 인생에 있어 가장 몰입한 시간이었다.

여러분도 이와 같은 경험을 할 수 있기를 간절히 바란다.

웰 리빙하고live well , 웰 워킹work well 하시길 빈다.

2020년 3월에

미국 워싱턴주 시애틀에서,

짐 벤슨Jim Benson

한국어판 추천의 글

사내 애자일 코치, 조직 및 프로젝트 관리자, 소프트웨어 엔지니어 등의 역할을 하면서 지내왔던 20여 년 간의 조직 생활을 마무리하고, 2019년부터는 독립 애자일 코치로서의 삶을 살아가며 이전보다 훨씬 다양한 분야에서 다양한 사람들을 만났다.

사람들은 각양각색의 이유로 애자일에 관심을 갖는다. 어떤 이는 무슨 수를 써서라도 단기성과를 올려야 하는 절망적인 상황에서, 또 어떤 사람은 혁신을 추진해보라는 상사의 밑도 끝도 없는 지시를 실행하다 애자일을 만난다. 의욕 없이 시키는 일만 하는 부하직원들을 두고 고민하다 애자일을 접하게 된 리더도 있고, 답 없는 상사와 일하다가 지쳐 애자일을 공부하는 팀원도 있다. 모두들 수평적이고 경쟁 없이 협력하는 조직을 꿈꾸면서 말이다.

그중에서도 가장 에너지를 솟게 하는 사람은, (자주 만날 수는 없지만) 애자일을 통해 스스로 변화하고 주변에 선한 영향력을 퍼뜨리려고 노력하는 분들이다. 그리고 이런 분들에게는 큰 공통점이 한 가지 있다는 사실을 발견했다. 바로 자신의 삶에 애자일의 가치와 원칙, 그리고 실천법을 적용해보려고 노력한다는 점이다. 가족이 함께 정기적으로 모여 회고를 한다거나, 지속적으로 백로그를 개선하면서 대가족 여행을 준비하기도 한다. 공동의 비전과 원칙을 만든 예비부부도 있었고, 새로 이사한 집에 인테리어 공사를 하면서 거실 한쪽 벽면을 커다란 화이트보드로 만들어 '가족 칸반 보드'로 사용하는 집도 본 적이 있다. 이런 분들이야말로 애자일을 통해 진정한 삶의 변화를 이끌어내는 분들이다. 애자일에 관심을 갖는 사람들은 대부분 애자일을 통해 '다른 사람'을 변화시키고 싶어 한다. 하지만 진정으로 애자일하고 싶다면 변화시켜야 할 대상은 '나' 자신이다.

또한 지금까지 직간접적으로 만났던 훌륭한 애자일 조직들을 보면, 각 부문 각 계층마다 애자일한 개인들이 요소요소에 포진하여, 주변 사람들에게 긍정적인 변화를 일으키도록 시발점 역할을 했던 조직이었다. 다시 말해서 애자일 조직의 출발점에는 애자일한 개인들이 있다. 애자일한 조직을 이루고 싶다면 조직은 반드시 이런 사람들을 찾아내고 적극적으로 육성할 필요가 있다.

그런 측면에서 볼 때, 퍼스널 칸반은 애자일에 첫 발을 내딛는 모든 분들이 반드시 관심을 갖고 학습해야 할 애자일 방법론이다. '퍼스널 칸반'은 애자일 방법 중 하나인 '칸반'을 개인이나 소규모 그룹에 적용한 것이다. 역자가 퍼스널 칸반에 관심을 갖고 주변에 소개하고 싶다고 생각했던 이유도 아마 개인이 애자일해야 조직도 애자일해질 수 있다는 깨달음 덕분이 아니었을까 짐작해본다.

더욱이 퍼스널 칸반은 매우 유연하고 폭넓게 적용할 수 있는 방법이기 때문에, 자신이 어떤 분야에 속해 있는지와는 관계없이 자신의 맥락에 맞게 활용할 수 있다. 많은 분들이 퍼스널 칸반으로 자신의 삶과 주변의 긍정적인 변화를 경험할 수 있기를 기대해본다.

조승빈

컨그루언트애자일 대표 & 애자일 코치

도서 『칸반』, 『매니지먼트3.0』 등 번역

왜 열심히 하는데도 일이 자꾸 쌓여만 갈까?

게다가 중요한 일은 왜 자주 반복해서 놓치게 될까?

당신은 그 이유를 아는가?

만일 그 이유를 모른다면 이 책을 봐야 할 이유가 생긴 것이다. 의외로 그 이유는 간단하다. 일을 잘하려면 일을 시각화하고, 동시 진행 중인 업무의 수를 제한하며, 우선순위를 정하여 중요한 일부터 해야 한다. 즉 일의 흐름을 잘 타야 한다는 것이다. 이는 여러분도 이미 알거나 들어 본 것들이다. 그런데 왜 알고 있는 이런 일들에서 우리는 성공하지 못할까? 그 이유도 간단하다. 왜 그렇게 해야 하는지 모른 채 그렇게 하기 때문이다. 요리할 때 소금을 왜 넣는지 모르고 소금을 뿌리면서, 소금을 어떻게 하면 잘

뿌릴지를 연구하고 연습한다면 어떤 일이 생길지 상상해보라!

우리가 하는 일도 마찬가지이다. 왜 시각화해야 하는지도 모르고 나에게 어떤 영향을 주는지도 모르면서, 단지 중요한 일을 열심히 했는데 왜 안되냐고 탓해봐야 나만 손해다. 마치 피트니스 클럽에서 덤벨이나 스쿼트를 제대로 하지 않고서, 한 달 동안 열심히 했는데 성과가 없었다고 탓하는 사람과 마찬가지다. 그러는 동안 누구는 1주 만에도 엄청나게 효과를 본 사례를 주변에서 익히 보았을 것이다. 결국 어떻게 잘할지를 알려면, 왜 그것이 효과가 있는지 그 원리부터 알아야 한다. 이 책은 그 원리를 쉽지만 깊이 있게 잘 설명해 주고 있다. 이 이론을 이해하고 해야 할 행동은 딱 3가지뿐이다. 할 일 목록(백로그)을 만들고, 진행 중 업무(WIP)의 수를 제한하고, 중요한 일부터 당겨pull 수행하는 것이다. 결론적으로, 이 책을 읽지 않을 이유도, 책이 권하는 일하는 방식을 실천하지 않을 이유도 없다. 지금까지 하던 일의 방식 사이사이에 3가지 Tip만 얹으면 되기 때문이다.

끝으로 이 책의 내용을 활용하는 데 있어 독자들이 추가로 고려했으면 하는 것이 하나 있다면, 그것은 바로 디지털 업무에 대한 것이다. 포스트잇을 쓰거나, 칸반을 활용하거나, 이 둘을 다른 디지털 업무와 연결할 수 있는 수많은 좋은 도구들이 손 앞에 있다. 이 책을 통해 원리와 방식을 아날로그적으로 익히고 난 후, 이를 실천하는 데 디지털 도구들도 함께 활용해 보기를 적극적으로 추천한다.

김동준

이노캐털리스트 대표 & 혁신 전문가

도서 『미래를 만드는 기업은 어떻게 일하는가』 등 다수 저술 애자일에 대한 인기만큼이나 이에 대한 오해도 많다. 많은 사람들이 중소기업보다는 대기업에 애자일을 도입하는 것이 훨씬 쉬우리라 생각한다. 왜냐하면 풍부한 자원을 투입하여 보다 추진력 있게 일을 진행할 수 있을 거라 기대하기 때문이다. 그러나 전사적 차원에서 애자일을 도입한다고 할 때, 기업의 규모가 클수록 고려해야 할 요소와 장애물이 훨씬 많아진다. 한편 전사적인 움직임 없이 소규모 팀 단위로는 애자일을 실행하는 것이 불가능하다고 여기는 사람도 많다. 애자일 도입을 마치 스포티파이 Spotify 처럼 조직 구조를 변경해야만 하는 것으로 오해한 결과다. 민첩해지기 위해 애자일을 도입하려는 것인데, 정작 애자일 자체가 너무도 거대하게 다가오는 것이다.

그렇기에 '퍼스널 칸반'은 반갑기 그지없다. 전사적 지원이나 조직 구조의 변경 없이도, 팀 단위는 물론 개인 단위에서까지 자기 독립적으로 애자일을 시도하고 실험해 볼 수 있는 틀을 제공하기 때문이다. 나아가 개인으로 시작하여 팀 단위 조직으로 올라가는 상향식 접근은, 애자일의 형식적인 껍데기만을 도입한 채 정작 애자일 마인드셋은 갖추지 못하는 부작용도 최소화할 수 있을 것으로 기대한다.

한편 애자일 방법론의 도입을 고려하지 않는 회사라 할지라도, 퍼스널 칸반은 여전히 유용하다. 1주 52시간 단축 근무 제도 시행에 따라 다시 부각된 구성원의 효과적인 업무 관리에도 큰 도움을 줄 수 있기 때문이다. 퍼스널 칸반을 통해 구성원 스스로가 자신의 업무 맥락과 흐름을 이해할 수 있는 메타인지를 갖추고, 이를 기반으로 상황 변화에 따른 유연한 우선순위 조정 및 대안의 선택을 통해 업무의 효과성과 효율성을 높일 수 있다.

덤으로 개인의 워라밸과 행복감도 자기주도적으로 관리할 수 있게 된다.

이 책이 애자일 운영 방식을 고민하는 많은 분들에게 큰 힌트가 되기를 기대하며, 나아가 부디 수많은 직장인들이 퍼스널 칸반을 통해 보다 애자일하고 자유롭고 행복해져서, 그들이 속한 팀과 조직 그리고 회사까지도 보다 애자일하고 행복하게 만들어갈 수 있기를 바란다.

신상규

SK텔레콤 기업문화센터장

현재는 애자일 방식으로 소프트웨어 솔루션을 직접 개발하는 일을 하고 있지만, 최근까지 내가 주로 하던 일은 ACT Agile Core Team 라는 조직을 꾸려 삼성SDS의 전사 애자일 트랜스포메이션을 이끌고, 120명이 넘는 애자일 전문 코치를 양성하는 일이었다.

자연스레 외부 세미나와 강의도 자주 다니게 되었는데, 이때 빼놓지 않고 받게 되는 질문이 하나 있다. 그것은 바로 "현실에서 가장 쉽게 적용할 수 있는 애자일 기법이 무엇인가요?"라는 질문이다.

이런 질문이 나올 때마다 나는 주저 없이 '칸반'이라고 대답했다. 왜냐하면, 칸반은 누구나 쉽게 적용할 수 있고 언제 어디서나 기대한 만큼의 효과를 얻어낼 수 있는 기법이기 때문이다. 칸반은 다양한 곳에 활용이 가능하다. 심지어 결혼을 준비하는 신부가 활용하는 경우도 보았고, 유치원 원장님이 유치원 운영에 정말 잘 활용하는 경우도 봤다.

당연히 회사 업무에도 쉽게 활용이 가능하다. 예를 들어 업무량 때문에 스트레스를 느끼는 동료들이 있을 때, 나는 그의 업무를 칸반 위에 함께 적어보자고 제안하곤 한다. 화이트보드를 활용하여 약 한 시간 정도의 대화를 나누다 보면 그 직원은 현재 겪고 있는 현실의 상태를 보다 명확하게 알 수 있다. 그리고 본인이 느끼던 감정적인 '힘듦'에서 벗어나 다음 스텝의 업무 수행을 위한 '이성적인 판단'을 하게 된다. 즉, 전체의 업무 내용을 보고 중요도와 긴급도를 고려하여 업무의 우선순위를 정하고, 가장 먼저 해결해야 할 태스크와 풀어야 할 병목을 찾게 되는 것이다.

『퍼스널 애자일 퍼스널 칸반』을 읽으면, 여러분은 마치 경험이 많은 누군가와 함께 여러분의 칸반을 만들어보는 경험을 하게 될 것이다. 처음부터 끝까지 이 책의 내용을 따라가면서 당신의 업무를 그려보길 권한다. 그러면, 당신이 처한 현실의 문제를 기반으로 '업무를 시각화'하고, '진행 중 업무의 개수(WIP)를 제한'하는 방법들을 알게 될 것이다.

뿐만 아니라, 퍼스널 칸반을 활용하면서 발생하는 다양한 제약과 타인과의 경계선grey zone 상에 놓여있는 문제에 대해서도 해결 방안을 고민하는 자신을 발견하게 될 것이다. 결국에는 계속 발전할 수 있는 지속적인 개선의 흐름 속에 들어가는 즐거운 경험을 하게 될 것이다.

신황규

삼성SDS 솔루션사업개발그룹장 & Chief Trouble Maker

우리는 다양한 환경과 시간 그리고 사람들 속에서 살아간다. 그것은 인간이 사회문화적 구성원으로서 타인에 의해 부과되거나 또는 스스로 자신에게 부여한 역할들을 환경의 변화와 시간의 경과에 따라 충실히 이행해야 한다는 것을 의미한다.

한편, 사람들은 각자 다른 방식으로 상황을 이해하고 관리한다. 따라서 중요한 점은 그 속에서 자신의 역할을 제대로 이해하고, 다른 사람과의 다양한 관계를 일관성 있는 방식으로 통합해야 한다는 것이다.

특히 조직에 속해 활동하는 경우는 더욱 그렇다. 조직은 공동의 목표를 달성하기 위해 만들어지기 때문에, 조직의 다양한 구성원들과 공동의 목표를 달성하는 데 필요한 일련의 행위들을 잘 조율할 필요가 있다. 그렇다 보니 조직 안에서 사람들이 일체감을 느끼고, 서로 관계를 맺으며, 효과적인 집단이 되기 위해서는 그 조직 상황에 맞게 질서를 이루는 방법이 필요하다. 특히 이 과정에서 보다 건강하고 생산적이며 행복한 개인과 조직을 만들고자 한다면, 제도적 개선보다는 열린 마음과 참여가 무척 중요하다. 나른 사람들과 서로 소통하며 정보를 확인하고 분석함에 있어, 개인행동의 동기 및 의도와 목적을 이해하는 것이 무엇보다 중요하기 때문이다.

애석하게도 이 모든 상황을 객관적 기준에 따라 규격화하고, 이에 잘 대처할 수 있도록 마법의 솔루션으로 공식화할 수는 없다. 그나마 불행 중 다행인 것은 다양한 환경과 변화에 지속적으로 적응하는 노력을 통해 그 속에서 어느 정도의 균형은 잡을 수 있다는 점이다. 그리고 이러한 균형을 이루기 위해 시도해 볼 수 있는 좋은 방법 중 하나가 '퍼스널 애자일(퍼스널 칸반)'이라고 생각한다.

이 책은 매우 빠른 속도로 변화하고 불확실성이 점점 높아지는 이 시대를 살아가는 데 있어 자신의 사적 영역, 조직, 그리고 사회 속에서의 삶을 보다 균형 있고 효율적이며 효과적으로 영위하고자 고민하는 사람들에게 좋은 안내서가 되어줄 것이다.

김경수

한국기가포톤주식회사 인사노무팀장

이 책의 저자는 'TO-DO LIST는 악마의 씨앗이다.'라고 주장한다. 우리는 예측할 수 없는 상황 속에서 끝없이 밀려드는 일들을 처리하느라 바쁘고, 그리고 쉽게 소진된다. 소중한 일에 집중하긴 어렵고, 가치 있는 결과물을 만드는 것에는 매우 자주 실패한다. 상황의 변화를 유연하게 수용하면서도 가치 있는 소중한 일에 집중하기 위해서는 저자의 말처럼 'TO-DO LIST'로 충분하지 않다.

이 책에서 새롭게 소개하고 있는 보다 효과적인 업무 시각화 도구인 '퍼스널 칸반'은 우선순위의 설정, 업무의 완수, 그리고 효과성을 촉진한다. 퍼스널 칸반은 단 두 가지 규칙The Two Rules of Personal Kanban 만 준수하면 충분하다고 제안한다.

1. 업무를 시각화하라Visualize Your Work

2. 진행 중 업무의 개수를 제한하라Limit Your Work in Progress

이 두 가지 규칙만 배우고 활용할 수 있다면, 가치 있는 결과물을 효과적으로 얻을 수 있고, 일의 흐름이 좋아지며, 충만한 삶을 누리면서 지속적으로 삶을 개선해 나갈 수 있다고 자신한다. 퍼스널 칸반에 담겨 있는 그 두 가지 규칙이 구체적으로 의미하는 바는 무엇이고, 왜 효과가 있으며, 실

질적으로 어떻게 적용해야 할지를 배워서 활용하고 싶은 독자에게 이 책은

명확함clarity 을 선물해 줄 것이다.

박영준

박영준 질문디자인연구소장

도서 『혁신가의 질문』 저술

추천의 글

위기관리의 고뇌

비즈니스 관련 서적의 열렬한 독자의 관점으로 볼 때, 또 미국 중앙정보국CIA 의 HR Human Resource 부서장을 역임했던 HR 실무자의 입장에서 볼 때 이 책은 매우 통찰력이 있고 시의적절하다 하겠다. 현대를 살아가는 우리는 모두 개인의 삶, 타인의 기대, 그리고 스스로에 대한 기대 사이의 균형을 맞추며 각자의 방식으로 업무 일정을 관리하는데, 이 과정에서 많은 업무와 정보의 과부하로 인해 고통을 받고 있다. 무수히 많은 지식의 흐름과 더불어 3차원적인 대화가 발생하는 것은 물론이며, 여러 개의 업무 흐름workflow 이 서로 경쟁하면서 그 우선순위도 끊임없이 변하고 있다. 이러한 변화 속에서 무엇보다 중요한 것은 일과 삶의 균형을 이루는 자신만의 업무 방법을 찾는 것이다. 예를 들어 캘린더를 적절히 활용하여 직장 동료나 사적인 지인들과의 관계는 물론, 업무까지도 적절히 조절할 수 있는, 자신에게 맞는 새로운 방법 말이다. (이러한 균형은 궁극적으로는 삶의 즐거움을 위한 것이지만, 이러한 균형의 비율을 찾는 것은 무척 힘겨운 일이기에 나는 이를 가리켜 '퍽이나 즐거운crab to fun' 균형의 비율이라고 말하고 싶다.)

그러나 현실을 직시하자. 기술의 속도가 인류 발전의 속도를 앞서고 있다. 지식의 폭발, 사회적 연결 도구의 출현, 새로운 형태의 기업 구조architecture 형성, 이용 가능한 지식 및 정보의 기하급수적인 팽창 등과 결합된 복잡다단한 업무 흐름workflow 은, 일을 하는 방식과 시점에 지대한 영향을 미치고 있다. 또한 이러한 새로운 지식 환경은 우리가 육체적으로나 정신적으로 어떻게 대응해야 할지에 대해서도 영향을 주고 있다. 다시 말해 하루에도 수천 수백 가지의 의사결정을 내리고 그 결정에 따라 계획대로 행동해야 한다는 끊임없는 압박이 근본적인 스트레스를 유발하고 있는 것이다. 심지어 온라인이나 모바일 기기를 통해 많은 시간을 소비하고 있고 상시적으로 필요한 정보에 접근할 수 있는 환경이 되다 보니, 이는 스트레스를 넘어 뇌 발달에까지 영향을 준다는 연구도 나오고 있다.

또한 이러한 혼란에 더하여 끊임없이 자판을 눌러야 하고 모든 생각을 디지털로 표현해야 하는 세상이 되었고, 그런 속에서도 우리는 여전히 생산성과 개인 이미지를 드높일 수 있게 대응해야 한다는 압박을 받고 있다. 이것만 해도 벅찬데, 앞서 언급한 바와 같이 우리 모두는 다른 사람과의 약속은 물론, 일과 가정 그리고 육체와 정신적 균형을 유지하기 위해 자신과의 약속을 지켜야 한다는 도전도 함께 받고 있다. 이러한 환경은 점점 더 빠른 속도로 변화하고 있다.

이러한 상황 속에서 우리가 퍼스널 칸반Personal Kanban 을 접하게 된 것은 커다란 행운이 아닐 수 없다. 이것은 과거 도요타에서 그 효과가 입증되었던 칸반의 핵심 개념이라 할 수 있는 'Just-In-Time(적시에)' 즉, 업무 흐름workflow 의 과거와 현재와 미래를 시각화하는 것을 다시금 부활시켜 이를 개인의 영역에 적용한 것이다.

사실 나는 과거에 이와 유사한 개념을 업무에 적용해 보았던 경험이 있다. 수년 전 해외에서 꽤나 까다로운 업무를 수행한 적이 있었는데, 그때 한 소프트웨어 제품의 광고 문구를 오려 사무실의 화이트보드 위에 붙였다. 그 제품이 무엇인지는 잘 기억나지 않지만, 그 광고 문구에는 '위기관리의 고뇌로부터 벗어나라.'라는 말이 적혀 있었다. 이 문구를 사무실 화이트보드에다 붙여둔 이유는, 구성원들에게 이 내용을 공유하고 싶었기 때문이기도 했지만, 이를 보며 앞으로 해야 할 일과 현재 진행 중인 일을 분류하여 목적과 목표를 효과적으로 달성하기를 원했기 때문이다. (물론 지금의 칸반처럼 체계적으로 한 것은 아니고, 그냥 무의식중에 한 것이다.) 당시에 사무실 화이트보드는 아날로그 SNS Social Network Service 역할을 했다. 여러 직원들이 새로운 정보를 이곳에 갱신했고, 또 이를 통해 공유했다.

헌데 이 책을 읽고 보니, 이와 같은 방식을 업무뿐 아니라 개인적인 삶의 영역에까지 확장하여 적용했더라면 어땠을까도 생각하게 된다. 그러면 업무 생산성은 물론이고 건강까지도 훨씬 좋아지지 않았을까 하는 생각이다. 이 책은 이와 관련된 기법에 대해 명확하게 이해시켜주고, 이를 개인의 삶에 적용할 수 있도록 도와준다. 덕분에 나는 지금의 컨설팅 업무를 수행하면서 퍼스널 칸반을 기반으로 보다 체계화된 화이트보드를 만들어 이를 다시금 로드맵으로 활용하고 있다.

퍼스널 칸반의 방식은 간단하면서도 우아하고, 명쾌하면서도 상식적이다. 퍼스널 칸반은 우리가 일상의 업무를 수행함에 있어 형식적이거나 비합리적인 요구를 더하지 않으면서도, 업무의 균형과 마음의 평화까지 유지하게 해준다. 업무 흐름workflow 을 가시화하는 것부터, 업무 처리의 최대 가능 수용량capacity 이 쓰루풋throughput 과는 다름을 이해하는 것, 그리고 완료된 작업을 성찰하는 데 시간을 할애하는 것(일이 하나 끝나면 바로 다음 일로 넘어가는 대신에 잠시 그 일에 머무르며 성찰하는 것으로, 이는 내가 특히 잘 하지 못하는 부분이기도 하다.)까지, 나는 이 책에서 여러 가지 교훈을 배웠다. 이 책은 사적인 삶의 영역의 생산성과 업무 생산성을 건강하게 하기 위해 고민하는 모든 사람들의 책장 또는 킨들kindle 이나 아이패드iPad 에 반드시 소장되어야 한다. 그러면서 참고할 만한 페이지에 북마크를 하고 중요한 부분에는 밑줄을 치며, 수시로 변화하는 업무를 다루면서 다음에 할 일의 우선순위를 끊임없이 정하고 재조정하는 과정에서 막힐 때마다 수시로 참고해야 할 것이다. 확신하건대, 이 책을 읽는 독자들은 오늘날의 모든 산만함과 높은 기대감 속에서도 위기관리의 고뇌로부터 벗어나 자신만의 '퍼이나 즐거운crab to fun ' 균형의 비율을 진짜로 찾아내는 데 있어, 이것이 꽤나 유용하다는 것을 알게 될 것이다.

톰 맥크러스키Tom McCluskey
前 미국 중앙정보국 CIA, HR 부서장

목차

부록

活私開公
활사개공

개인이 애자일해야, 조직이 애자일해진다.

경영 환경의 복잡성이 높아지고 변화의 속도가 더욱 급격해짐에 따라 애자일Agile에 대한 관심이 고조되고 있다. 소프트웨어 개발 방법론 중 하나인 애자일 개발 방법론을, 이제는 범용화하고 확장하려는 시도로까지가 이어지고 있다. 이러한 맥락에서, 누군가는 디자인씽킹 Design Thinking 과 구글 Google 사의 스프린트 Sprint, 또는 린 스타트업 Lean Startup 프로세스를 애자일의 범주에 넣기도 하고, 또 누군가는 스포티파이 Spotify 사의 조직 구조 혁신 모델을 애자일로 이해하기도 한다. 그러나 정작 "그래서 도대체 애자일이 뭐야?"라는 질문에는 여전히 속 시원하게 대답해 주는 사람이 많지는 않다. 어쩌면 "애자일이 무엇이다."라고 정형화하는 순간, 그것은 이미 애자일이 아니게 될 수도 있기 때문일 것이다.

그래서 도대체 애자일이 뭔데?

애자일을 단순히 '민첩하게 대응하기'라고만 하여 너무 열린 정의를 내리는 것은 그리 실질적인 도움이 되지 못한다. 심지어 정형화된 모든 구조 structure 를 해체하고 상황에 따라 임기응변으로만 대응하라는 것처럼 무책임하게 들릴 위험도 있다. 그러나 엄밀히 말하면 애자일은 구조 그 자체를 해체해 버리는 접근이라기보다, '변화에 대한 민첩한 적응성adaptiveness 을 구조 안에 포함'시키는 접근이라고 할 수 있다. 그렇다면 변화에 대한 적응성을 구조화한다는 것은 구체적으로 어떤 의미일까? 애자일 방법론들의 공통점을 추려보면 다음의 3가지로 정리해 볼 수 있다.

공유된 메타인지를 기반으로 한
단위 집단 스스로의 의사결정 및 자기조직화

환경 변화에 따른 의사결정을 타인으로부터 일방적으로 지시를 받아 수행하는 것이 아니라, 집단 스스로가 주체적으로 결정하고 조정해 나가는 것을 말한다. 그리고 이를 보다 효과적으로 수행하기 위해선 업무의 맥락과 흐름을 통합적으로 이해하는 메타인지meta-cognition 가 집단에 잘 형성되고 공유되어야 한다.

이터레이션iteration 의 반복을 통한 점진적 개선

변화의 속도가 급격한 요즘에는 철저한 준비와 사전 계획으로 시간을 소비하는 동안 환경이 또다시 새롭게 변화되기 때문에, 이렇게 애써 준비한 계획들이 무용지물이 되는 경우가 많다. 그러므로 처음부터 완벽한 계획을 세워 수행하는 것이 아니라, 타임 박스time box 즉 '이터레이션iteration'을 설정하고 가장 중요하고 급한 일부터 작게 시작하여 이를 점진적으로 개선하고 확장해 나가는 접근이 훨씬 유용하게 되었다.

실제 고객 중심 검증 및 피드백 루프feedback loop

불확실성을 줄이기 위한 애자일의 또 하나의 핵심은 실제 고객으로부터 피드백feedback 을 수집하여 반영하는 작업을 반복하는 것이다.

애자일을 수행한다는 것, 즉 변화에 대한 적응성을 구조화한다는 것의 구체적인 의미는 위의 세 가지 속성들이 잘 실현될 수 있도록 도움 장치들을 구조화하고 실천하는 것을 말한다. 그러나 회사마다 혹은 같은 회사 안에서도 팀마다 각각 다른 상황 속에 놓여 있기 때문에 이를 구조화하는 형태도 천차만별일 수밖에 없다. 천 개의 팀이 있다면, 천 개의 애자일이 있어야 하는 것이다.

한편 조직에 애자일 방법론을 도입하는 데 있어, 조직원 개인 단위까지 애자일 마인드셋agile mindset 이 확산되었는지의 여부가 중요한 성공 요인으로 거론되고 있다.

그러나 실제로 한국의 많은 애자일 교육 장면에서는 "실질적으로 쉽게 따라할 수 있는 무언가를 손에 쥐어 달라."고 외쳐대는 수많은 교육생들의 아우성을 듣게 된다. 그들은 "애자일이 그 어떤 구체성과 확실성을 제공하지 않고, 되려 불확실성을 스스로 다루기를 요청한다."는 사실을 받아들이지 못하고 있다. 불확실성을 감당할 의지라 할 수 있는 마인드셋을 갖추지 못하고 있는 것이다.

그러므로 한국에서 애자일이 실질적인 의미를 갖기 위해서는, 조직 레벨의 애자일 도입에 앞서 혹은 그와 병행하여, 개인 단위의 애자일 연습(개인 차원의 업무를 스스로 애자일하게 다루고 주도하는 것) 다시 말해 퍼스널 애자일 Personal Agile 연습이 필요하다.

이 책은 개인의 삶을 둘러싼 업무들을 개인 단위에서 애자일하게 다룰 수 있도록 가이드해주는 최고의 책이다. 궁극적으로는 각 개인에게 애자일적 사유와 시선을 갖추도록 도와줄 것이다. 이 책의 목표를 한 마디로 말하면, '활사개공(活私開公)'이다. 즉 개인을 애자일하고 행복하게 함으로써, 조직을 애자일하고 행복하게 만드는 것이다. 개인이 애자일 해야 조직도 애자일 할 수 있다.

퍼스널 칸반은 여러분의 삶이 보다 애자일하고 행복해지기 위한 것은 물론이요, 나아가 여러분이 속한 팀과 조직이 애자일하고 행복해지기 위한 여정에 있어서도 훌륭한 마중물이 될 것임을 믿어 의심치 않는다. 여러분의 애자일 여행에 행운을 빈다.

이 책의 활용법

상향식Bottom-up 접근을 통한 애자일의 점진적 도입

이 책은 수많은 애자일 방법론 중에서도 칸반Kanban 을 기반으로 한다. 기존의 애자일 방법론들을 참고함에 있어, 이미 많은 사람들에게 알려진 스크럼Scrum 방법론 외에 칸반도 주목해야 하는 이유는 칸반의 단순함simple 때문이다. 칸반은 정형화된 규칙을 최소화하고 있기 때문에 기존의 업무 프로세스를 대대적으로 혁신하라고 강요하지 않는다. 그러므로 비단 소프트웨어 개발 분야뿐 아니라 비 개발 분야는 물론, 나아가 조직 단위가 아닌 개인 단위로까지 그 범위를 확장하기가 용이하다. 또한 그 규칙이 너무 간소해서 자신만의 상황과 환경을 고려하여 최적화하는 것이 필수적이기 때문에, 애자일적 사유의 시선을 연습하기에 더할 나위 없이 좋다. 그래서 애자일을 처음 접하는 독자라면, 이 책을 통해 퍼스널 칸반을 먼저 탐구하고 추후 그 범위를 점차 팀과 조직으로 확장해 나가는 것을 추천한다.

애자일 역량의 확장

한편, 칸반은 앞서 언급한 애자일의 공통적 특성 3가지 중 하나인 '실제 고객 중심 검증 및 피드백 루프' 부분을 강제로 구조화하고 있진 않다. 따라서 실제 고객으로부터 피드백을 받아 반영하는 절차를 성찰과 회고 또는 별도의 기회를 통해서라도 마련하길 바란다. 참고로 '디자인씽킹'을 추가 학습하여 고객으로부터 피드백을 받아 반영하는 프로세스에 대해 이해하고, 이를 나만의 방식으로 칸반과 병행하여 실천해 보는 것도 좋은 방법이

될 것이다.

또한 이 책에서 다루는 퍼스널 칸반은 개인 범위 안에서의 애자일 연습이다 보니, 이를 팀이나 조직 차원으로 확장하고자 할 때는 집단 활동을 다루는 스킬이 추가로 필요할 수 있다. 이를 위해서는 '퍼실리테이션 facilitation'의 추가 학습을 통해 집단의 의사결정 다루기를 연습하는 것이 필수적이다. 여기에 '홀라크라시 holacracy' 또는 '소시오크라시 sociocracy'로까지 관심의 범위를 넓혀, 공유된 메타인지 shared meta-cognition 를 보다 효과적으로 형성하는 방법에 대해서도 보다 심도 있게 탐구해 보기를 권한다.

1주 52시간 근무시간 단축 제도의 시행과 시간 관리

1주 52시간 근무제라는 현실 앞에서도 이 책은 유용한 자료임에 틀림없다. 우리는 근무시간은 줄었지만 업무는 줄어들지 않은 상황에서, 제한된 시간 안에 효과적으로 업무를 관리해야 하기 때문이다. 따라서 앞서 장황하게 설명했던 애자일은 모두 잊더라도 업무를 보다 효과적으로 관리해보고자 하는 개인 독자나 이를 돕고자 하는 HR 이사 및 교육 담당자들에게도 이 책을 권한다.

옮긴이 박성진

주요 용어 정리

원 용어	번역 용어	의미
• Kanban	칸반	'간판看板'의 일본식 발음으로, 오노 다이이치가 1950년대에 도요타 생산 시스템TPS, Toyota Production System 의 일부로 고안한 '간반(かんばん)'이 그 기원. 2000년대에 들어 데이비드 J. 앤더슨이 이를 기반으로 제약이론TOC 개념 등을 추가하여 소프트웨어 개발 방법론으로 새롭게 발전시킨 '칸반Kanban'은 현재 비소프트웨어 개발 조직으로까지 확장되어 널리 사용되고 있음
• Personal Kanban	퍼스널 칸반	팀/조직 차원에서 사용하던 칸반을 개인 차원의 업무 관리에 확장 적용한 것
• TO-DO LIST	TO-DO LIST 기법	할 일들의 목록을 단순 나열하는 방식의 고전적 업무 관리 기법
• Value Stream	가치 흐름	가치를 만들어내기 위해 업무가 시작되어 완료될 때까지 일련의 진행 단계를 흐름으로 나타낸 것 (예: 대기 → 진행 중 → 완료)
– Backlog	할 일 목록 or 백로그	아직 하지 않은, 해야 할 일들을 담은 목록
– READY	대기	백로그 중에서 우선 시행할 업무들을 선별하여 대기시켜 놓은 준비 단계
– DOING	진행 중	업무 처리가 진행 중인 단계
– DONE	완료	업무 처리가 모두 완료된 단계
• WIP Work-In-Progress	진행 중 업무 or 진행 중 업무의 개수	현재 처리 진행 중에 있는 업무 또는 업무의 개수
• Kaizen	카이젠	'개선改善'의 일본식 발음으로, '지속적인 개선On-Going Improvement'을 의미

• Existential Overhead	실재實在적 오버헤드	일을 실제 수행하고 있지 않는 동안에도 머릿속에 실재하며 맴도는 일과 관련된 잡념들로, 이는 일을 실제로 할 때의 정신 작용에 버금감
• Capacity	수용량	최대로 수용 가능한 업무량
• Throughput	쓰루풋	실제로 완료된 업무량 ('수용량'과 대비하여 '처리량'으로 번역하는 것이 보다 직관적일 수도 있으나, 비단 양적인 의미 외에도 속도적인 의미가 함께 가미된 '쓰루풋'이라는 제약이론 TOC 의 용어를 차용함)
• Flow	흐름	업무의 자연스러운 처리 과정 / '일의 진행'
• Cadence	케이던스	규칙적이고 예측 가능한 업무 요소의 주기 / '일의 리듬'
• Slack	슬랙	업무의 흐름 flow 을 원활하게 만드는, 업무와 업무 사이에 존재하는 여백 / '일의 쉼표'
• Productivity	생산성	일의 가치/효과와 상관없이, 단순히 얼마나 많은 일을 완수했는지의 정도
• Efficiency	효율성	일의 가치/효과와 상관없이, 단순히 일을 얼마나 쉽게 완수했는지의 정도
• Effectiveness	효과성	적합한 일 right work 을 적시 right time 에 완수하여 얼마나 가치/효과를 창출했는지의 정도
• Metric	지표	업무 효과와 흐름에 있어 개선될 수 있는 포인트가 어디인지를 명시할 수 있도록 돕는 업무 관련 계량적 지표
• Lead time	리드 타임	작업이 처음 발의된 시간부터 최종 완료되는 데까지 걸리는 경과 시간, 작업이 '할 일 목록(백로그)'에서 출발하여 '완료 DONE '에 도달할 때까지 소요되는 시간
• Cycle time	사이클 타임	작업이 실제 시작된 시간부터 완료되는 데까지 걸리는 경과 시간, 작업이 '대기 READY '에서 출발하여 '완료 DONE '에 도달할 때까지 소요되는 시간, 작업이 '진행 중 DOING '에 머무른 시간

• SWB Subjective Well-Being	주관적 안녕감 or 주관적 웰빙	업무 수행에 대한 개인의 직관적인 느낌(예: 매우 만족/보통/불만족 등)을 직접 물어 간단하게 측정하는 정성적qualitative 지표
• LRM Last Responsible Moment	결단의 마지노선 순간	성급하게 의사결정을 내리지 않고 중요하고 되돌릴 수 없는 결정과 약속은 최대한 뒤로 미룬 채, 보다 많은 정보를 수집하여 불확실성을 낮추고 의사결정의 질을 높이는 전략. 이 전략을 수행하는 데 있어, 의사결정이 너무 늦지 않으면서도 이를 위한 충분한 정보가 수집될 수 있는 시간의 경계, 다시 말해 '결정을 내리지 않는 비용'이 '결정을 내리는 비용'보다 커지기 직전의 순간을 '결단의 마지노선 순간Last Responsible Moment'이라고 함 (참고로 도서 『린 소프트웨어 개발』에서는 '책임이 따르는 마지막 순간'으로 옮겨져 있음)
• Information Radiator	정보 방열기 or 정보 현황판 /계기판	정보를 단순히 쌓아두고 보여주는 '정보 축적기'의 의미가 아니라, 정보가 계속 갱신되고 이를 흘려 내보내는 역할로서의 '정보 방열기'를 의미하며, 도서 『익스트림 프로그래밍』에서도 '정보 방열기'로 해석되어 일부 독자들에게는 이미 이 용어가 익숙하게 사용되고 있음. 다만 이를 처음 접하는 독자들은 그 의미가 다소 생소할 수 있어 이 책에서는 '정보 현황판' 내지 '정보 계기판'이라는 명칭도 '정보 방열기'와 함께 병행하여 표기함

들어가며
100% 실용주의적인 퍼스널 칸반

　이 책을 쓰면서 또 한 권의 어수룩한 자기계발서가 되거나, 불필요한 것까지 모두 담은 백과사전처럼 되면 어떡하나 고민하며 또 주의했다. 당연히 재미있으면서 실용적인 책이 되길 바라지만, 그렇다고 또 시간 관리의 성배가 되는 것도 원치 않았다. 그러므로 우주비행선의 기나긴 어정같이 장담하기 어려운 주장이나 이상적인 이야기, 혹은 치열한 업무 관리 과정에서 정신적 구원을 보장하는 이야기는 이 책에서 발견하기 힘들 것이다. 나는 자기관리나 생산성productivity에 있어서 완벽하지 않으며, 단지 사람들이 행동함에 있어 보다 합리적이고 정보에 기반한 의사결정을 내리기 원할 뿐이다.

　우리는 직업적인 삶, 개인적인 삶, 사회적인 삶을 별개의 것처럼 생각하지만, 실제의 삶을 아무리 통찰해보아도 이를 분리해 내는 것은 쉽지 않다.

일과 삶의 균형(일명 '워라밸')이라는 것도 잘못된 이분법에서 비롯된 것으로, 이런 식으로 모든 것들을 구획화하며 살아가기는 어렵다. 이러한 구분법은 직업적, 개인적, 사회적 삶의 요소들이 우리의 주의를 끌어, 각각의 기대와 목표를 달성하기 위해 서로 경쟁하도록 강요한다. 또한 이러한 경쟁적 욕구를 충족시키기 위한 노력의 일환으로, 우리를 병적일 정도로 빠르게 한 업무에서 다른 업무로 넘어가도록 강요한다.

사랑하는 사람들과 보내는 여유 있는 주말, 정원 잔디밭 완벽하게 다듬기, 사업 계획 멋지게 수립하기, 시내에서의 즉흥적인 밤, 가족과의 시간, 업무 시간, 우리가 수행하는 것, 우리가 즐기는 것, 그 모든 것들이 한 데 섞여 우리의 삶을 구성한다. 그런 것들이 지금의 당신을 만들고, 지금의 나를 만드는 것이다. 그러하기에 직업적인 삶, 개인적인 삶, 사회적인 삶을 억지로 구분하고 이들 사이의 균형을 찾으려 하기보다는, 우리의 매일의 일상을 통틀어 재미는 별로 없지만 꼭 해야만 한다고 생각되는 의무와 우리에게 활력을 주고 우리의 영혼을 충만하게 하는 활동 사이에서 균형을 찾는 것이 좀 더 이상적이라 할 수 있다.

그러나 이러한 구분도 일단 돈과 엮이기 시작하면 혼란스러워진다. 돈이 업무의 외재적 가치와 보상으로 엮이게 되면 우리의 내재적 동기가 떨어지기 때문이며, 그렇다고 해서 그냥 무시해 버리기에는 우리 삶에 필수불가결한 요소이기 때문이다.

특히 대부분의 사람들은 깨어 있는 시간의 절반 이상을 고용된 직장에서 보낸다. 그리고 회사에서는 일과 시간, 초과 근무시간 등과 같이 돈이 지급되는 근무시간의 측정을 통해 그들의 업무를 측정한다. 또한 근무시간에 따른 시간당 급여, 초과 근무 수당, 프로젝트 입찰가 등의 금전적인 가치로 이를 다시 환산한다. 다시 말해 우리는 경제적인 가치를 기준으로 우리의 업무를 대하고 평가한다. 따라서 우리는 일차적으로 돈을 받기 위해 일을 하는 것이다. 그렇기에 업무를 삶에 대한 의미와 관계로까지 확장시킬 수 있는 별도의 방법이 없다면, 즉 업무에 대한 주도적인 참여와 통제력이 약해진다면, 업무에 대한 경제적 관점만이 우리가 업무를 바라보는 유일한 관점이 되어 버린다. 수행하고 있는 업무에 대한 흥미는 당연히 떨어지게 된다. 개인적 또는 직업적인 가치를 고려하지 않고 투입 시간과 돈만으로 업무의 평가 함수가 구성된다면, 우리는 업무로부터 심리적으로나 감정적으로 멀어질 수밖에 없는 것이다.

의미와 목적을 가지고 살아가며 일하는 것이 우리의 목표라고 한다면, 이러한 방식은 적절한 접근법이 아니다.

한편, 업무시간을 단지 돈으로만 환산하는 것이 실제적으로 어떤 영향을 주는지 직접 확인해 보기 위해, 매주 업무 일정이 마감될 때마다 나는 관리자의 입장으로 그리고 구성원의 입장으로 이를 관찰해 보았다. 그 결과는 참담했다. '도대체 내가 수요일에 뭘 했지?'식의 탄식이 일상화가 되었다. 즉, 사람들은 업무를 완수하기 위해 너무나도 열심히 일을 했지만, 정작 그들은 자기들이 성취한 것이 무엇인지를 너무나도 쉽게 잊어버렸다. 성취한 것에 대해 기뻐할 겨를도 없었고, 심지어 그것이 일어났다는 사실을 알아차릴 겨를도 없었다.

우리의 귀중한 시간이 이런 식으로 그냥 흘러가도록 방치하는 것은 유죄다. 시간이 흘러감에 따라 그냥 살아지는 것이 아니라, 주도적으로 살면서 우리의 저녁시간과 주말의 시간 계획을 세우고 삶의 즐거움을 움켜줘야 한다.

그냥 무언가를 수행했다는 것을 면죄부로 여겨서는 안 된다.

다음 시나리오는 우리 주변에서 일어나는 흔하디흔한 일상이다. '오늘도 나는 회사에 간다. 동료들이 무슨 일을 하는지 알지 못하고, 동료들 역시 내가 무슨 일을 하는지 정확하게 모른다. 위에서 업무지시를 받지만, 왜 그 일을 해야 하는지는 이해하지 못한다. 그냥 일할 뿐이다.' 우리는 사실 업무의 맥락을 이해하기 원하며 또 그럴 자격이 있다. 맥락도 없이 '무엇을 해야 할지'만을 말하는 것은 엄밀히 말하면 의사소통의 실패다. 우리가 하고 있는 일을 왜 하고 있는지 먼저 이해하지 않고는, 정보에 기반을 둔 의사결정을 내릴 수도 없고 양질의 성과를 만들어낼 수도 없다. 맥락이 부족하면 낭비가 발생한다. 그러면 업무 시간이 길어지고, 계획 수립도 유명무실해진다. 당연히 퇴근 후 누려야 할 생활에도 영향을 받게 된다.

이러한 흔한 실수를 피하기 위해 나는 먼저 생산성productivity 과 시간 관리의 세계로 눈을 돌렸다. 그리고 이내, 그러한 도구들이 일부 유용하지만 이를 실제로 구현하는 데에는 꽤 번거롭고 복잡하다는 것을 알게 되었다. 심지어는 이러한 도구를 사용하는 것 자체가 또 하나의 불필요한 허드렛일이 되어버렸고, 나의 시간과 에너지와 집중력을 빼앗아 갔으며, 어떤 경우에는 자제력까지 앗아 갔다. 더욱 심각한 것은 이러한 도구의 대부분이 단독 업무용으로만 사용할 수 있고 협업을 위한 기회는 거의 제공하지 않는다는 것이었다. 그러하기에 이런 종류의 도구들은 나에게 효과가 없었다.

도구란 통제력을 주어야 하며 아무것도 앗아가면 안 되는 것이다.

나는 개인 업무 진행 상황을 내 개인 공간을 넘어 다른 동료들과 공유하며 함께 추적하고 싶었다. 또한, 동료들의 개인 업무에 대해서도 언제, 어느 부분에서 내가 도울 수 있는지를 알고 싶었다. 나를 위해서 그리고 팀을 위해서 협업과 효과성effectiveness 을 높일 필요가 있었다. 한편, 나는 사무실의 공적 업무뿐 아니라, 나에게 중요한 모든 것들을 담아 놓은 업무 지도를 원했다. 삶에 치이기보다는, 삶을 이끌고 싶었다.

그래서 퍼스널 칸반이 필요했다.

퍼스널 칸반은 매우 단순하면서도, 멋진 결과를 낳는 우아한 메커니즘을 갖고 있다. 퍼스널 칸반은 우리 자신을 관리하는 데 도움을 줄 뿐 아니라, 우리의 업무, 목표, 깨달음을 다른 사람들과 공유할 수 있게 해준다. 퍼스널 칸반은 개인의 효과성, 자발적인 협력, 그리고 통합적인 삶을 위한 시각적인 도약대visual launchpad 다. 또한 퍼스널 칸반은 유지보수하는 데 들이는 노력에 비해 수확이 꽤 크다. 그러나 퍼스널 칸반은 미래를 예언하는 수정구슬도 아니고, 그렇다고 단지 기분을 좋게 하는 아로마테라피도 아니다. 그것은 그냥 당신의 삶과 업무를 다루는 것이며, 보다 나은 계획을 수립하는 것이다.

CHAPTER 01

퍼스널 칸반
기본 다지기

21세기를 살아가는 사람들은 다음과 같은 것들로 고민을 한다.

* 상사는 당신이 보고서 작성을 완료하기를 기다린다.
* 회계사는 당신이 세금을 제때 신고하기를 바란다.
* 친구들은 티 타임에 당신이 나타나길 바란다.
* 정원에 핀 수국은 자신을 다듬어 주기를 기다린다.
* 당신의 딸은 부모가 자기 공연을 보러 오길 원한다.
* 아버지는 당신이 어머니에게 전화하기를 바란다. 마지막으로 전화를
  건 지 2주가 넘었다.
* 욕실의 욕조는 수리를 기다린다.
* 당신의 배우자는 당신이 단지 옆에 있어 주길 바란다.

끝없는 의무를 마주하며 당신은 지친다. 수많은 요구의 맹공격을 받으며, 아침을 먹었는지 기억도 안 나고, 심지어 다음 두 시간 동안 살아남기 위해 필요한 최소한의 정신을 챙기는 것조차 힘들다.

삶을 이런 식으로 흘러가게 내버려 둬도 괜찮을까?

바로 지금, 당신이 고민하는 이 모든 것들은 그저 머릿속을 떠돌고 있는 잡히지 않는 사념(思念)에 불과하다. 사념은 추상적이고 눈에 보이지 않기에, 분석하기도 어렵고 우선순위를 정하기도 어렵다. 그러하기에 해야 할 작업들을 실제로 '볼 수' 있는 방법이 필요하다. 그래야만 이러한 혼란이 명확해지고, 적합한 일right work 을 적시right time 에 수행할 수 있다. 퍼스널 칸반Personal Kanban 은 일을 '시각적으로' 표현하는 것이며, 그렇게 함으로써 생각을 명확하게 만드는 것이다. 퍼스널 칸반을 통해서 당신은 무엇을 해야 할지, 무엇이 완료되었는지, 어떠한 것들이 지연되고 있는지, 그리고 지금 이 순간에 정확히 어떤 일들이 진행되고 있는지를 명확히 알게 된다.

무술 용어에 '수(守)-파(破)-리(離)'라는 개념이 있다. 이는 무술을 익혀가는 학습 사이클을 지칭하는 것으로, 먼저 기본을 충분히 익히고(守), 그다음 이에 대해 의문을 품고(破), 최종적으로 당신만의 방식을 발견해 내라고 말한다(離). 하지만 이와는 달리 '왜why '는 전혀 생각하지 않고, '무엇what ' 을 할지와 '어떻게how ' 할지만을 생각하는 사람들이 많다. 쉽게 살기 위한 빠른 지름길을 원하는 것이다. 하지만 삶은 그렇지 않다. 인생은 변덕스럽고 삶을 위한 계획을 세워야 할지 말지도 헷갈리게 한다. 그러므로 이러한 변화에도 적응할 수 있을 정도로 유연한 시스템이 필요하다. 그래서 이 책에서는 퍼스널 칸반의 기법만을 설명하는 것이 아니라, 그 뒤에 있는 원리에 대해서도 다루려 한다. 독자들은 단지 '어떻게how' 하는지 뿐만 아니라 '왜why' 하는지도 함께 이해하기 바란다. 그래야 퍼스널 칸반을 자신의 삶에 어떻게 적용할 수 있을지 제대로 깨닫게 될 것이다.

퍼스널 칸반에
한 발 더 다가서기

자기 관리도 잘하고 팀도 더 잘 관리하고 싶어서 업무량workload을 시각화하는 방법을 연구하기 시작한 지 20년이 넘었다. 2000년부터 2008년까지 나는 윌리엄 로우든William Rowden과 함께 그레이 힐 솔루션스Gray Hill Solutions라는 소프트웨어 개발 회사를 공동 운영했다. 그 당시 우리 회사는 주로 지능형 교통시스템 분야의 정부 기관용 협업 소프트웨어를 만들었다. 내가 처음으로 'TO-DO LIST', '마인드맵mind map', '컨셉 맵concept map'을 포함한 몇 가지 시각화 도구들을 실험한 곳이 바로 그곳이었다. 이러한 도구들은 업무를 눈으로 볼 수 있도록 어느 정도 도와주긴 했지만, 단점이 있었다. 특정한 문제를 해결하기 위해 그때그때 협업을 해야 하는 상황에서는 급격히 어수선해지고, 긴급한 일은 제대로 다루지도 못한 채 오히려 혼란스러워지기만 했다.

그중에서도 가장 비효율적인 도구는 화이트보드의 꼭대기에 서 바닥까지 빽빽이 할 일을 적 어 넣는 'TO-DO LIST' 기법 이었다. 당장 해야 할 일보다 더 많은 것을 보여주다 보니, 동기 부여를 하기는커녕 도리어 겁 만 주고 사기만 떨어뜨렸다. 그

래서 화이트보드가 적합하지 않을 수도 있다고 생각하여, 컴퓨터를 활용한 데이터베이스로 '할 일 목록(백로그Backlog [1])' 관리 소프트웨어를 사용해보 았다. 심지어 마이크로소프트사의 아웃룩까지 사용하며 'TO-DO LIST' 를 관리하려고 노력해봤지만, 결과는 형편없었다. TO-DO LIST 기법은 일의 순서나 우선순위를 재조정하는 것을 지원하지 않기에, 업무 상황 변 화를 제대로 반영하지 못한다. 그러니 매우 중요한 일들과 덜 중요한 일들 이 한데 섞여, 우선순위가 모호해져 버렸다.

우리에게 필요한 것은, 업무의 우선순위를 조정하는 데 도움을 주고 현 재 진행하고 있는 업무를 실시간으로 보여줄 수 있는 역동적인 시스템이었 다. 그래서 그다음에는 '공유 마인드맵shared mind map'이라는 도구를 활용 하여, 여러 개의 대규모 프로젝트를 관리하는 실험을 했다. 공유 마인드맵

---

1) 옮긴이주: '백로그Backlog'라는 용어는 땔감으로 사용하기 위해 집의 뒤back 뜰에 쌓아 놓은 장작log이나, 가공을 기다리며 목재소의 뒤back 야적장에 쌓여 있는 통나무log가 그 어원으로, '언제 할지는 모르지만 해야 할 일' 목록을 지칭한다.

은 시각적 제어가 가능하므로, 매일 15분씩 스탠드업stand-up 회의[2]를 하면서 '할 일 목록(백로그)'을 관리하고, 그로부터 우선순위 작업 목록을 추출했다. 현재 병행하고 있는 '진행 중 업무(WIP: Work-In-Progress)의 개수 제한'도 시도했다.

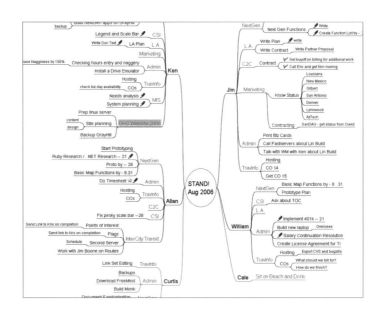

마인드맵은 우리 회사의 직원들을 좋은 의미에서 어리둥절하게 만들었다. 물리적으로 분산되어 있던 각각의 그룹이 현재 어떤 일을 진행하고 있는지를 전체적이고 상시적으로 이해하게 된 것은 그때가 처음이었다. 이와

---

2) 일일 스탠드업 회의Daily Stand-up Meeting 는 팀원들의 업무 수행 상태를 새롭게 갱신하기 위한 간단한 회의이다. 이러한 5-15분간의 회의 동안 참여자는 아마도 전날 완료한 작업, 현재의 이슈 상황(중단된 작업, 상황의 변화) 및 오늘 할 일 중 가장 중요한 우선순위가 무엇인지에 대해 토론할 것이다.

같이 마인드맵이 TO-DO LIST 기법에 비해 크게 개선된 면은 있었지만, 그러나 여전히 부족한 점도 있었다. 마인드맵은 완료한 작업이나 여러 사람이 수행하는 업무를 구별하는 데에는 큰 도움이 되지 못했다. 특히 마인드맵의 가장 큰 한계는 정보의 전달이 명확지 않다는 점이었다. 마인드맵의 잔가지에 8포인트 크기로 적혀진 작은 글자들을 한눈에 보고 이해한다는 것은 어려운 일이었다. 따라서 프로젝트 관리 도구로는 유용했지만, 우리가 찾던 정보 현황판information radiator [3]은 아니었다.

2008년, 코리 라다스Corey Ladas 와 데이비드 J. 앤더슨David J. Anderson, 그리고 나를 포함한 우리 세 명은 조직의 협업을 돕는 회사인 모더스 코오퍼앤드아이Modus Cooperandi 를 설립했다. 이 직전까지 코리와 데이비드는 마이크로소프트에서 근무했으며 나는 그레이 힐에서 일했는데, 우리 모두는 소프트웨어 개발 업무에 '칸반Kanban ' 기반의 관리 시스템을 사용한다는 공통점이 있었다. [4] 우리는 칸반을 이용해, 소프트웨어 개발 업무 프로세스 단계를 시각적으로 표현한 '가치 흐름value stream ' 위에, 개발팀원들이

---

[3] 옮긴이주: 『익스트림 프로그래밍』(원제: Extreme Programming Explained – Embrace Change / 켄트 백, 신시아 안드레스 지음 / 김창준, 정지호 번역 / 인사이트)에서는 '정보 방열기'로 번역되어 이 표현이 익숙한 독자들도 있겠으나, 이 책은 애자일을 처음 접하는 독자들을 주 대상으로 하기에 보다 쉬운 이해를 위해 문맥에 따라 '정보 현황판', '정보 계기판', '정보 방열기' 등으로 용어를 혼용하여 사용하였다.

[4] 린Lean 소프트웨어 개발에 있어서 코리 라다스와 데이비드 J. 앤더슨의 감탄스러운 여정에 대해 더 알고 싶다면, 『Scrumban: Essays on Kanban Systems for Lean Software Development』(코리 라다스 지음 / Seattle: Modus Cooperandi Press)와 『칸반: 지속적 개선을 추구하는 소프트웨어 개발』(원제: Kanban: Successful Evolutionary Change for Your Technology Business / 데이비드 J. 앤더슨 지음 / 조승빈 번역 / 인사이트)을 참고할 수 있다.

현재 수행하고 있는 일을 점착식 메모지[5]에 적어 이동시키면서 업무를 시
각화하였다. 이 시스템은 간단하면서도 효과적이었다.

칸반은 우리가 이전에 사용했던 그 어떤 도구보다도 소프트웨어 개발
을 관리하는 데 많은 도움이 됐다. 칸반은 팀워크에 초점을 맞추어 생산성
productivity 과 효과성effectiveness 모두를 눈부시게 높였다. 그런데도, 매우
중요한 요소 중 하나인 팀원 '개인individual '에 대해서는 여전히 간과하고
있는 부분이 있었다. 그래서 우리는 팀 프로세스가 개인 업무에 어떤 영향
을 미치는지를 더 이해할 필요가 있었다.

그리하여 코리와 내가 머리를 맞대고, 팀원 개인의 일을 시각화하고 관

---

5) 옮긴이주: 한국에서는 3M사에서 출시한 '포스트잇Post-it '이라는 고유 명사가 점착식 메모지
를 가르키는 일반 명사처럼 쓰이고 있으나, 이 책에서는 원문대로 '점착식 메모지'라는 표현을 사
용하였다.

리하기 위해 '퍼스널 칸반'을 만든 것이 바로 여기 모더스에서였다. 우리는 먼저 화이트보드를 활용하여 '정보 현황판(정보 방열기)'을 만들었다. 이 보드는 팀원 개인들(심지어 원격지에 있는 사람도 포함하여)의 업무 흐름을 보여주고, 진행 중 업무의 개수(WIP: Work-In-Progress)를 통제할 수 있었다. 또한 소프트웨어 개발과 직접적으로 관련된 것 외에도 모든 작업을 포착하는 데 도움이 되었다.

백로그	대기	진행 중	완료
	유정 ☐ ☐	☐ ☐	
	대박 ☐		
☐	이블린 ☐ ☐	☐	
	준성		
	준형	☐ ☐	

또한 우리는 이 현황판을 통해 감지할 수 있는 뉘앙스에도 세심한 주의를 기울였다. 주간 회고retrospective 회의에서는 무엇이 계획대로 진행되었는지, 그와는 반대로 예상대로 진행되지 않은 것은 무엇인지에 대해 토론했다. 그리고 이 새로운 도구가 개인에게도 가장 잘 맞으면서도 팀에게도 가장 잘 맞는 방식이 무엇인지를 탐색하면서 다양한 형식으로 변형을 시도하고 실험했다.

이 보드 앞에서 우리가 최고의 집중력과 열정, 연대감을 경험한 것은 분명하다. 업무를 시각화하면서 처음으로 그 관계와 상황들을 전체적으로 볼 수 있었고, 그것들이 상호 작용하도록 도모할 수 있었다. 또한 칸반 보드는 단순히 생산성을 높이는 것을 넘어 구성원 간에 토론을 촉진함으로써 소통이 잘 되게 하고 열정적인 참여를 이끌었으며, 서로 모르던 부분도 새롭게 학습하도록 만들었다. 이는 결국 일일 목표를 훌쩍 뛰어넘게 했고, 흥미진진한 새로운 가능성의 영역으로 우리를 이끌어 주었다.

당시 우리는 린Lean 제조 모델의 일부 전제 조건들을 기초로 시작하였다.[6] 업무를 시각화하였고, 진행 중 업무의 개수(WIP: Work-In-Progress)를 제한하였으며, '결단의 마지노선 순간Last Responsible Moment'[7]까지 의사결정을 최대한 늦춰 끌고 갔다. 또한 지속적으로 개선하려고 시도하였다. 이를 통해 우리는 업무를 제대로 이해하는 것이야말로 그 모든 것을 제어하는 핵심이라는 것을 배웠다.

일반적으로 제조업에서의 조직 차원 칸반organizational Kanban 은 '어떻게 가치가 창출되는지(상품이 완성되기까지의 제조 공정 단계 - 옮긴이)'를 시각화하면서, 낭비를 줄이고 업무를 표준화하는 것에 초점을 둔다. 하지만, 지식 업무가 주가 되는 사무실에서는 이러한 규칙들이 잘 작동하지 않는다는 사실

---

6) 린Lean 과 칸반, 그리고 퍼스널 칸반과의 관계는 이 책의 후반부에서 자세히 다룰 것이다.

7) 옮긴이주: '결단의 마지노선 순간LRM, Last Responsible Moment '은 성급하게 의사결정을 하지 않고 중요하고 되돌릴 수 없는 결정과 약속을 최대한 뒤로 미루는 전략을 구사함에 있어, 의사결정이 너무 늦지 않으면서도 이를 위한 충분한 정보가 수집될 수 있는 시간의 경계를 말한다. 즉, '결정을 내리지 않는 비용'이 '결정을 내리는 비용'보다 더 커질 때까지 선택지를 열어 두는 것을 뜻한다. 단, 빠른 변화 속에서 모든 의사결정을 뒤로 미루는 것이 더 위험할 수도 있기에, 애자일 전략에서는 의사결정 단위를 작게 쪼개어 그 중 가장 중요한 것부터 빠르게 시작하며 개선해나가는 방식으로 LRM을 구현한다.

이 입증되었다. 지식 업무는 표준화와는 반대되는 경우가 많기 때문이다.[8]

그러하기에 칸반이 지식 업무를 다루며 이러한 문제들을 모두 극복하기 위해서는 많은 깨달음과 여러 차례의 환골탈태가 필요했다.

2009년 중반, 코리는 안식년 휴가를 떠났다. 비슷한 시기에 나는 워싱턴 D.C.에서 장기 프로젝트를 제안받았다. 데이비드는 2008년 말에 모더스를 떠나 자신의 회사를 차렸다. 남은 것은 10년 동안 운영하면서 쌓인 작업 파일과 사무가구, 산출물로 가득 채워진 사무실뿐이었다. 당시 운영하던 2개의 사업도 접어버렸다.

그리하여 나는 갑작스레 부동산 문제와 회사 보험, 전화 및 인터넷 문제들을 해결해야 했고, 기존 사무실의 가구를 팔고 워싱턴 D.C.(미국 동부)에 임시 거처를 마련해야만 했다. 이러한 것들을 몇 주 안에 끝내야 했고, 그러면서도 여전히 고객의 요구사항을 맞춰야 하는 업무도 병행해야 했다. 당연히 나의 사적인 삶은 없었다. 한시도 쉴 틈이 없었다. 나는 미국을 거의 가로지르며 왔다 갔다 했다. 워싱턴주(미국 서부)에 소유하고 있던 2개의 자산에 대한 책임이 여전히 남아 있었기 때문이다.

몇몇 아주 좋은 친구들의 도움으로 간신히 버티고는 있었지만, 감당할 수 있는 수준을 이미 넘어서고 있다는 것을 알았다. 회사, 고객, 프로젝트, 그리고 부동산과 관련한 여러 가지 문제가 나의 정신 상태를 위협했다. 업

---

8) 표준화 업무는 작업을 수행하거나 제품을 만드는 구조화된 일련의 절차로 구성되는 반면, 지식 업무는 육체나 기계 또는 반복적인 조립 작업이 아닌 뇌에서 주로 이루어진다.

무와 가정생활과 사회생활은 더욱 겹쳐졌다. 하지만, 압박이 느껴지면서도 이러한 이질적인 일들을 빠르게 처리하고 싶은 마음 덕분에 다음과 같은 깨달음을 얻었다.

- 개인 차원의 업무personal projects 는 난데없이 발생하는 경우가 많다.
- 개인 차원의 업무는 대체로 수명이 짧다.
- 개인 차원의 업무는 각각의 독특한 심상(心像)을 지닐 수 있다.
- 개인 차원의 업무는 예측이 불가한 경우가 많다.
- 개인 차원의 업무는 관리하기가 쉽지 않다.
- 개인 차원의 업무는 다른 누군가에게 위임하거나 미루거나 무시할 수 없고, 선택할 수 있는 유일한 방법이라고는 '그냥 뚫고 나가는' 수밖에 없는 경우가 많다.
- 개인 차원 업무의 우선순위를 정할 때는 상황과 맥락이 중요하다.
- 개인 차원의 업무는 실행하는 순간에조차 우선순위를 변경하여 수행할 때가 많다.
- 일이 많다고 해서, 당신에 대한 다른 사람들의 기대가 사라지는 것은 아니다.
- 사생활과 직업 생활은 엄밀히 구별되지는 않으며, 이를 인위적으로 분리하려 해서는 안 된다.
- 개인 업무의 리스크와 회사 업무의 리스크는 본질적으로 성격이 다르다.

개인 차원의 업무는 다음 페이지의 표에서 보듯 대체로 산만하다. 일반적으로 '조직 차원organizational'의 칸반은 시각화와 정제를 통해 업무의 예측 가능성을 높이는 데 이용된다. 물론 개인 차원의 업무도 어느 정도 정리되거나 길들여질 수는 있지만, 표준화와는 결을 달리한다. 따라서, '개인 차원personal'의 칸반은 극도로 가변적이거나 미칠 정도로 많은 업무량에 대해서도 충분히 대처할 수 있도록 유연해야 한다.

나에게는 내 일이 어떻게 진행되고 있는지, 그리고 스트레스를 진정시키는 최선의 방법이 무엇인지에 대한 통찰이 필요했다. 그래서 나는 애증을 담아 '난장판Crapban'이라는 개인 칸반(보드)을 만들었다. 이는 나의 수많은 개인 업무를 다루기 위해 설계됐다. 가장 중요한 것은 매우 가변적인 업무량과 진행 중 업무(WIP: Work-In-Progress)의 제한에 우아하게 대처해야 한다는 것이었다.

이것은 매우 효과적이었다!

비교적 짧은 시간 안에 나는 상당한 양의 일을 해냈다. 또한 그 일들을 모두 끝마쳤을 때, 내가 무엇을 이루어냈는지, 얼마만큼의 시간이 걸렸는지, 어떤 장애물이 나를 방해했고, 그것들이 왜 나를 방해했었는지를 명확히 알게 되어 뿌듯했다. 예전에 무엇을 일정표에 넣어야 할지도 모르고 있었던 것과는 반대로, 퍼스널 칸반은 내가 한 일을 정확하게 보여주었다.

난장판 (CRAPBAN)

할 일	취합 중 (Assembling)	취합 완료 (Assembled)	처리 중 (Active)	완료 (Complete)	비고 (Notes)
3 기업 고객 요구사항 처리	✓	✓	✓	✓	
5 수도 취소	✓	✓	✓	✓	
2 워싱턴주 위생국 업무 처리	✓	✓	✓	✓	
4 사무실 임대료 납부	✓				
1 6월 공과금 납부	✓	✓	✓	✓	
10 인터넷 취소하기					
8 저장 장치 정리					
7 중고 물품 판매	✓				
11 모니터 처분					
9 사서함 서비스 정리					
12 신규 세무사	✓				
15 전자 팩스	✓	✓	✓	✓	
13 DELL 서버 임대 취소					
14 L&I 취소하기	✓	✓	-	✓	
1 개인 계획 세우기	✓				

참고: 나의 '난장판'의 왼쪽 편을 자세히 보면, 모든 작업마다 초기 우선순위(순서) 가 부여된 것을 알 수 있다. 그러나 완료된 업무들의 우선순위를 보면, 이러한 초 기 우선순위가 갑작스레 발생한 이벤트에 의해 무시되었다는 사실도 알 수 있다. 결국, 우선순위를 너무 일찍 결정하는 것은 시간 낭비다. 개인 업무의 우선순위는 상황에 따라 매우 가변적이다. 단적인 예로, "L&I 취소하기" 작업은 당초 14번째 로 잡혀 있었지만, 어느 날 아침 예상치 못하게 L&I로부터 전화가 와서, 내가 완수 해야 할 일의 대부분이 그냥 쉽게 처리되었다. 상황이 바뀌면서 우선순위도 바뀐

것이다.

워싱턴 D.C.에 도착한 후, 나는 토니안 드마리아 배리Tonianne DeMaria
Barry 와 함께 퍼스널 칸반을 지속해서 사용하며 이를 테스트하고 블로그에
올렸다. 우리가 당시 블로그에 기술한 내용은, 기존 사무실 정리와 미국을
가로지르는 이동, 그리고 새로운 고객과 사업을 시작하는 그 당시의 격렬
했던 일련의 과정 속에서 다양한 형태로 변형되고 시도되었던 칸반의 프로
토타입들이었다.

얼마 지나지 않아 우리는 전 세계의 사람들로부터 연락을 받기 시작했
다. 많은 이들이 이 블로그를 읽고 퍼스널 칸반을 시도한 것이다. 어떤 이들
은 집안일을 잘하기 위해, 어떤 이들은 학생들의 수업 진도를 관리하기 위
해, 어떤 이들은 중병에 걸린 가족을 돌보기 위해 퍼스널 칸반을 사용했다.

곧이어 퍼스널 칸반을 전문적으로 사용할 기회도 생겼다. 세계은행
World Bank 과 계약이 성사되었는데, 이때 퍼스널 칸반 모델이 더욱 유연해
졌다. 과학자와 연구자들로 구성된 글로벌 팀과 함께 계획을 세우면서 퍼
스널 칸반을 사용하게 되었는데, 그간 시도하며 블로그에 올렸던 내용이
그들의 독특한 요구에는 맞지 않는다는 것을 재빨리 발견한 것이다. 그들
은 단순히 일을 빨리 처리하기보다는 자신들의 업무 상황을 추적하기를 원
했다. 그들에게는 실시간 이슈, 개인들의 진행 상황, 팀의 진행 상황 모두를
20분마다 추적하는 것이 필요했다. 그래서 다음 페이지의 사진과 같이 추
적해야 하는 요소들을 표시하고, 그것들의 특수한 업무 흐름work flow 을 시
각화하기 위한 새로운 칸반을 즉시 고안해냈다.

퍼스널 칸반은 한없이 유연해야 한다. 그래서 규칙을 싫어하는 시스템
이 되어야 한다. 어떻게 보면 모순적이고 수수께끼 같지만, 프로세스를 싫
어하는 프로세스가 되어야 한다는 것이다.

그런데 어떻게 그런 것이 가능할까?

규칙을 싫어하는
시스템을 위한 규칙

　많은 기업들은 원하는 결과를 얻기 위해, '검증된' 해결책solution 과 반복 가능한 프로세스를 두루 쇼핑한 뒤 그중 하나를 선택하여 도입하려는 경향이 있다. 이러한 것들을 '모범 사례best practice '라 부르며, 많은 경우 '왜 효과가 있었는지'보다는 '어떻게 했는지'에 대해서만 관심을 갖는다. 하지만 이러한 주입적이고 보편적인 솔루션들은 문제의 개별적 특수성을 거의 존중하지 않으며, 이는 아주 전형적인 '게으른' 문제해결 방법이다. 그럼에도 불구하고 많은 기업들이 그러한 솔루션을 도입함으로써, 소위 이러한 '만병통치약one-size-fits-all ' 프로세스를 판매하고 이와 관련된 수많은 컨설턴트를 인증해 주는 전문 기관이 많이 양산됐다. 결국 초기의 좋은 의도와 아이디어는 과거의 화석이 되어 사라지고, 남은 것이라곤 산업에서의 비효율적인 독선dogma 뿐인 것이다.

이런 것을 상상해 보자. 내가 파탄 난 결혼 생활을 제자리로 돌려놓는 10분짜리 기술이 있다고 주장한다. 너무 터무니없나? 그러면 12개월짜리 프로그램이 있다고 하자. 나는 이 프로그램이 '모범적인 결혼 사례'를 기반으로 만들었기에 신뢰할 수 있다고 주장한다. 자, 이에 대해 어떻게 생각하는가? 추정컨대(그리고 희망컨대), 당신의 반응은 심히 의심스러워 하거나 혹은 매우 부정적일 것이다. 인간의 모든 관계에는 고난과 행복이 동시에 존재한다는 사실을 우리는 본능적으로 알고 있다. 그리고 개인 차원의 삶은 변화로 가득 차 있다는 것 또한 직관적으로 알고 있다.

대인 관계에서 발생하는 이러한 변동성을 기꺼이 인정하고 받아들인다면, 사업 혹은 삶의 다른 면들에서도 수많은 변동성이 있다는 사실을 받아들이는 게 자연스럽지 않을까?

삶은 정적이지 않으며, 업무 또한 그렇다. 따라서 퍼스널 칸반도 상황이 변화함에 따라 진화해야 한다. 그러므로 매일 마주하는 변화에 대응하여 퍼스널 칸반을 새롭게 바꾸고 만들어 나갈 것을 장려한다.

퍼스널 칸반을 사용하는 목표 중 하나는, 업무가 모두 예측 가능하다고 생각하는 사람들에게 "아니오."라고 말하는 것이다. 부과된 업무의 처리 과정에 있어 "아니오."라고 말하는 것은, 예측 가능성을 강요하는 허황된 희망에 현실적인 제동을 거는 일이다.

퍼스널 칸반의 두 가지 규칙

규칙 1: 업무를 시각화하라.

볼 수 없는 것을 이해한다는 것은 어려운 일이다. 실제로는 더 크고, 예상하기 어려우며, 더 모호한 요인들(시간의 경과, 시장의 변화, 정치적 영향 등)을 포함하고 있을지라도, 우리는 업무에서 분명한 부분(마감일, 관련 담당자, 요구되는 업무량 등)에만 초점을 맞추는 경향이 있다. 따라서 업무를 시각화하는 것은 우리에게 그런 것들을 다룰 힘을 준다. 우리가 다양한 맥락에서 업무를 이해할 때, 실제 트레이드오프trade-off는 더욱 명확해진다. 또한 과거/현재/미래에 대한 모든 요구 사항들의 물리적(시각적)인 기록을 보유하게 되어, 일과 그 맥락에 대해 더욱 거시적인 관점을 갖게 된다. 결과적으로 더욱 나은 의사결정을 할 수 있다. 이러한 결정에 따라 어느 과제를 더

욱 심도 있게 다루기 위해 어떤 과제들은 품위 있게 거절도 하고 포기도 할
수 있어야 한다.

규칙 2: 진행 중 업무의 개수(WIP: Work-In-Progress)를 제한하라.

우리는 처리할 수 있는 것 이상은 할 수 없다. 너무나 당연한 말이다. 그
렇다고 그냥 뻔한 말은 아니다. 주어진 시간, 당면한 작업의 예측 가능성,
작업 유형에 대한 경험의 수준, 에너지 수준, 그리고 현재 진행 중 업무의
양을 포함한 많은 요인에 의해서 처리할 수 있는 업무량이 달라지기 때문
이다. '진행 중 업무(WIP)'의 개수를 제한하면 집중을 하게 되어, 빠르게 업
무를 처리하고 결국 더 많은 업무를 처리하게 된다. 이뿐만 아니라 변화에
도 침착하게 대응할 수 있고, 심사숙고가 필요한 일에 대해서는 시간을 확
보할 수도 있다.

퍼스널 칸반에서는 '업무의 시각화'와 '진행 중 업무의 개수 제한'과 같
은 기본 원칙principles 이 프로세스보다 우선한다. 사실 프로세스는 상황에
따라 바뀌어야 한다. 화이트보드를 사용해도 좋고, 냅킨의 뒷면을 사용해
도 좋다. 그러나 '업무의 시각화'와 '진행 중 업무의 개수 제한', 이 2가지 기
본 원칙만큼은 변하지 않기 때문에, 상황의 변화에도 불구하고 업무를 관
리할 수 있는 최소한의 구조를 유지하게 되는 것이다.

퍼스널 칸반을 하나의 지도라고 생각해 보자. 어떤 것들이 당신을 설레
게 하는지, 어떤 것들이 당신을 걱정시키는지 그 개인적인 상황과 맥락을
조사하기 위해 사용하는, 일종의 역동적이고 상호작용적인 지도 말이다.

그 지도는 당신이 미래에 어디로 갈 것인지(목표는 무엇이고, 앞으로 무엇을 해야 할지), 현재 어디에 있는지(지금 하는 일이 무엇인지), 그리고 과거에 어디에 있었는지(무엇을 했고, 어떻게 여기에 도달했는지)를 보여줄 것이다.

대부분의 지도가 그렇듯, 퍼스널 칸반은 다음과 같은 풍성한 정보들을 제공해준다.

- 무엇을 원하는지
- 무엇을 하고 있는지
- 어떻게 그것을 하는지
- 누구와 그것을 하는지
- 무엇을 완료했는지
- 무엇을 아직 끝내지 못했는지
- 얼마나 빨리 일을 처리하는지
- 무엇이 병목을 만드는지
- 언제 그리고 왜 꾸물거리는지
- 언제 그리고 왜 어떠한 특정 활동으로 인해 불안해하는지
- 무엇을 약속할 수 있는지
- 무엇을 거절할 수 있는지

업무의 지도를 만들면 삶의 방향을 찾을 수 있다. 이 지도는 목적지까지 도달하기 위해 우리가 가야 할 코스뿐 아니라, 그 길에 놓여 있는 편의시설과 장애물 등을 포함한 전체적인 지형지물을 명확히 보여준다. 이를 통

해 우리는 업무의 맥락(사람, 장소, 조건, 업무량, 상충관계)을 그려낼 수 있으며,
취할 수 있는 다양한 실제 선택지들real options 을 떠올릴 수 있게 된다. 또
한 과거에 어떻게 결정을 내렸는지, 그리고 어떻게 하면 미래에 더 나은 결
정을 내릴 수 있는지를 이해할 수 있다. 업무의 상황과 맥락을 넓게 볼수록
명확성도 높아지기 때문에, 더 나은 행동 방향을 결정할 수 있는 것이다.

왜 업무를 시각화해야 하는가?
- 안전하게 운행하기

할머니 댁을 방문하기 위해 차에 탔다고 하자. 의사와 서울을 소성하고 시동을 건 뒤, 후진하여 진입로를 빠져나올 것이다. 고향 가는 길은 어쩌면 당신 몸에 이미 깊숙이 배어있을지도 모른다. 할머니 댁이 어디인지, 어디로 가야 가장 빠르고 안전하게 갈 수 있는지를 당신은 이미 알고 있을 것이다. 그러나 그렇게 20여 년 동안이나 그 길을 갔음에도 불구하고, 여전히 길을 '보고' 자동차를 조작하기 위해 '시력'에 의존한다. 어린이 보호구역에서는 속도계를 '눈으로' 확인하고, 집으로 돌아올 때는 연료가 충분한지 확인하기 위해 연료계를 '본다.'

차의 속도계와 연료계는 비록 일방적이기는 하지만, 없어서는 안 될 필수적인 '정보 계기판(정보 방열기)'이다. 이는 자동차의 현재 상태와 지금까지 운행해온 과정 등 중요한 정보들을 보여준다. 이러한 정보 계기판은 차를 안전하게 운전하고 경로를 효과적으로 운행할 수 있도록 도와준다.

그런데 만약 길을 전혀 볼 수 없거나 계기판을 확인할 수 없는 상황이라면 어찌하겠는가? 이러한 경우라면 감히 운전할 생각을 하지 않을 것이다. 그러나 일을 할 때는 어떠한가? 이상하게도 우리는 항상 앞이 안 보이는 채로 무턱대고 일을 해 나간다. 일을 할 땐 작업들을 시각화하지 않으며, 업무가 궤도를 벗어나거나 언제 개입이 필요한지를 알려주는 정보 계기판을 사용하지 않는다. 기껏해야 업무의 진척도를 추적하기 위해 마감일 deadline 정도를 설정하지만, 이는 무척 강제적이고 융통성이 없다. 마감일을 설정할 때 미래에 대한 가정에 근거할 뿐, 실시간 정보는 고려하지 않는다. 또한 일단 한번 설정해 놓으면 현재 상황과 맥락을 전혀 반영하지 않은 채 가능한 한 그것을 지키려 한다.

연료 탱크를 가득 채우면 대략 650km를 운행할 수 있다고 치자. 당신은 연료를 가득 채운 상태에서 시내 주행을 400km 했다. 그러면 250km는 더 운행할 수 있을 것이다. 하지만 정말 그런가? 알다시피, 시내 주행은 고속도로 주행보다 더 많은 연료를 소모한다. 또 엔진오일을 갈지 않았다면 연비는 더 낮아질 수 있다. 비록 주행 거리로 남은 연료량을 추정할 수 있을지라도, 연료계가 없다면 정확한 양을 알 수가 없다. 그런 차는 절대로 사지 않을 것이다. 연료 소비의 실시간적 변화를 눈으로 확인할 수 없다면, 연료가 바닥날 가능성은 커질 것이기 때문이다.

지금은 자동차 기술의 발전으로 인해 그 어느 때보다도 많은 정보 현황을 한눈에 볼 수 있게 되었다. 비단 차뿐만이 아니다. 사회 전반에 걸쳐 인간은 점점 더 많은 정보를 요구해 가고 있다. 전화기, 심지어는 주방 가전

제품까지도 실시간 정보를 기대한다. 따라서, 업무에 대해서도 더는 이를 간과해선 안 된다.

퍼스널 칸반은 업무에 대한 '정보 계기판(정보 방열기)'이다. 이것을 통해 실시간으로 업무의 영향과 맥락을 이해할 수 있다. 나열식 TO-DO LIST 로는 절대로 할 수 없는 일이다. TO-DO LIST는 정적인 현황판이기에, 맥락에 대한 어떠한 정보도 없이 단지 작업의 개수만을 알려줄 뿐, 효과적인 의사결정에 필요한 의미 있는 실시간 정보들을 보여주지 못한다. 이것은 마치 "필요할 때 연료를 넣으시오."라고 적은 쪽지를 계기판에 붙여 놓는 것과 같다. 다시 말해 메시지는 있지만, 정보는 없는 것이다. 반면 퍼스널 칸반은 맥락 정보를 알려주고, 그 맥락이 의사결정에 어떻게 영향을 끼치는지도 보여주는 도구이다.

왜 '진행 중 업무 WIP'의
개수를 제한해야 할까?

강아지 '쿠키'와 초코맛 시리얼

어릴 때 강아지 한 마리를 키웠는데, 그 강아지 이름은 쿠키 Cookie 였다. 좀 부끄러운 이야기지만, 어렸을 때 쿠키를 괴롭힌 일이 있다. 1978년 정도로 기억하는데, 이 사진은 그 일이 있은 지 몇 주 지나지 않아 찍은 것이다.

쿠키는 음식을 가리지 않고 모든 것을 잘 먹는 개였다. 어느 날인가는, 쿠키의 덩치보다 서너 배나 되는 양의 음식을 쿠키 옆에 두고 나갔다 돌아와 보니, 그 음식이 모두 사라진 일도 있었다. 결코 믿을 수 없었지만, 그 조그마한 푸들이 그 많은 양의 음식을 모조리 먹어 치운 것이다.

사실 여기서 진짜 하고 싶은 이야기는 다른 날에 벌어진 또 다른 이야기다. 어느 날 밤, 동생 데이브Dave 와 나는 초코맛 시리얼을 박스 채 들고 먹으며 TV 프로그램 '로건의 탈출Logan's Run '을 시청하고 있었다. 당연히 쿠키도 우리가 먹는 시리얼을 같이 먹고 싶어 했다. (먹을 것을 가지고 애완견을 괴롭혔던 이 사건은, 당시 집안에 어른들이 없던 상태에서 철없는 두 아이가 벌인 짓임을 미리 밝혀 둔다. 왜 쿠키의 가장 기본적인 욕구를 순순히 받아주지 않고 괴롭혔던 것일까?)

쿠키는 무언가를 원할 때면 표시가 났다. 눈이 커지고, 빙글빙글 돌면서 뛰었고, 시끄럽게 짖어 댔다. 그날 밤도 초코맛 시리얼 노래를 부르는 것처럼 미친 듯이 짖어 댔다. 도저히 끝날 기미를 보이지 않기에, 우리는 폭발할 지경에 이르렀다. 이윽고 나는 쿠키를 향해 시리얼 한 알을 던졌다. 쿠키는 날름 잘 받아먹었다.

다음에는 시리얼을 공중으로 던졌다. 쿠키는 얼른 쫓아가서 날름 받아먹었다.

이번에는 최대한 빠르게 집어 던져 보았다. "이리 오렴. 초코맛 시리얼이야. 헌데 너는 이걸 절대로 잡을 수 없을 걸?" 그러나 쿠키는 잘 잡았다.

이어서 나는 두 개를 한꺼번에 던졌다. 그다음엔 세 개. 쿠키는 그걸 모두 잡았다.

이윽고 나는 한 손 가득 시리얼을 움켜잡아 쿠키에게 던졌다. 그러자 쿠키는 당황했고, 입을 벌린 채 시리얼을 쫓으려 이리저리 쳐다보느라 고개만 미친 듯이 왔다 갔다 했다. 쿠키는 결국 …

… 아무것도 잡지 못했다.

시리얼이 쿠키의 코와 이마를 맞고 튕겨 나오는 모습이 아직도 생생하다. 동생과 나는 이것이 무척 재미있었다.

우리는 그 과정을 계속해서 반복했다. 시리얼을 네 개, 다섯 개, 여섯 개로 늘리며 시도했고, 쿠키는 네 개에서 여섯 개 사이에서는 일부만 잡고 전부를 잡지는 못했다. 그리고 항상 끝에는 시리얼을 한 움큼 집어 던졌다. 쿠키는 거의 정신을 못 차렸으며, 이때는 결코 단 한 개도 잡지 못했다. 그럴 때면 동생과 나는 고개를 좌우로 흔들며 깔깔거렸다.

그런데 이것이 퍼스널 칸반과 무슨 상관이란 말인가?

그것은 바로 쿠키에게는 시리얼 WIP의 적절한 제한값이 3개임이 입증된 것이다!

왜 '퍼스널 칸반'이라 부를까?

퍼스널 칸반을 가족과 함께, 또는 교실에서, 또는 팀에서 함께 사용할 수 있는데도 왜 '퍼스널' 칸반이라 부를까?

퍼스널 칸반은 개인에게 중요한 사항, 즉 개인 업무, 약속, 소규모 프로젝트들을 다룬다. 그것들은 크기, 종류, 긴급성 면에서 매우 다양하다. 이 책의 목적상, 그것들을 '업무' 또는 '일'이라고 칭할 것이다.

조직 차원의 칸반은 조직에게 중요한 항목들, 일반적으로는 보고서, 상품, 서비스같이 눈에 보이는 무언가를 만들 때 사용한다. 그것의 목표는 예측 가능하고 반복적인 제작 과정을 이해하기 위함이다. 만드는 그 무언가가 핵잠수함인지 혹은 샌드위치인지는 상관이 없다. 그래서 조직 차원의 칸반은 업무 표준 프로세스, 조직 효율성, 낭비 제거에 초점을 맞춘다. 반복적인 업무 프로세스를 더 빠르고, 싸고, 더 좋게 개선해준다.

그러나 사람은 조직보다 예측하기가 어렵다. 개인의 일이 조직의 일보다 예측하기 어려운 것이다. 개인과 소그룹, 특히 지식 업무를 하는 이들은 더더욱 모험적이고 독창적인 성격의 프로젝트에 참여하는 경우가 많다. 이러한 일에는 표준적인 업무 절차가 반드시 적용되진 않는다. 그러하기에 이러한 업무를 다루면서 우리가 원하는 것은 업무의 속성을 이해하는 것이지, 그 업무를 경직된 프로세스 안에 강제로 집어넣기를 원하는 것이 아니다. 혁신은 오히려 탐색과 실험을 통해 영감을 얻는다.

혁신은 개선(변화)이 필요하다.

앞서 언급했듯이, 퍼스널 칸반은 '린Lean'이라고 알려진 경영 개념의 원칙과 기법에 기초하고 있다. 린은 가치 창출을 위해 좋은 의사결정을 내릴 수 있도록, 정보에 대한 접근성을 증가시키는 것을 핵심으로 하는 철학이자 원칙이다. 정보에 대한 접근성이 증가할수록 사람들은 더 존중받는 느낌이 들게 되고, 팀은 더 많이 동기부여가 되며, 낭비 또한 줄어든다.

한편 낭비 제거의 상당 부분은 린의 또 다른 목적인 '카이젠Kaizen (改善/지속적인 개선)' 문화로부터 비롯된다. 카이젠은 사람들이 수행하는 업무 중 취약한 부분에 대해 개선 방안을 자연스럽게 모색하는 것, 그리고 이를 반복하며 지속적으로 개선해 나가는 것을 말한다. 퍼스널 칸반은 카이젠을 촉진한다. 업무를 시각화하면 카이젠 사고방식을 갖게 되는데, 즉 안일한 마음에서 벗어나 적극적으로 개선의 기회를 모색하게 되는 것이다. 더불어 우리의 뇌는 낭비와 비효율의 패턴에 민감해진다. 따라서 업무의 패턴을 추적하면서, 문제가 명백해지고 해결책을 찾기가 쉬워진다.

왜 효과가 있을까?

퍼스널 칸반은 얼핏 보기에 무척 간단하다. 업무를 시각화하고, 진행 중 업무(WIP)의 개수를 제한하고, 삶에서 무엇이 벌어지고 있는지 관심을 기울이는 것이 전부다. 물론 퍼스널 칸반의 배경이 되는 심리학, 신경심리학, 사회학, 교육 이론, 정치학은 여러 권의 책으로 엮을 수 있을 만큼 많은 논의를 만들어 낼 수 있다. 그러나 이 책은 간단한 개론서이며, 퍼스널 칸반을 시작하기에 필요한 내용들만 충분히 담고자 한다. 이제부터는 그것들 중 몇 가지 기본적인 개념들을 살펴보자.

포괄적 이해comprehension

기억이나 TO-DO LIST만으로는 업무를 잘 관리하기가 쉽지 않다. 머릿속에 얽혀 있는 작업이나 무작위로 적어 내려간 과업들은 명확성을 유지할 수가 없다. 이와는 달리, 점착식 메모지 한 장에 하나의 업무를 적어 이 모든 것을 시각화한다면, 우선 업무량을 정량화할 수 있다. 즉, 눈으로 볼 수 있게 되는 것이다. 그리고 퍼스널 칸반 보드에서 점착식 메모지를 옮기는 작업을 함으로써, 일이 시스템(전체를 포괄적으로 이해할 수 있고 자연스러운 시스템)으로 확장된다.

물리적 신체 감각으로 얻는 피드백 1: 학습learning

말을 배우기 전에는 감각에 의존하여 세상을 탐색하고 상호작용하며 의미를 도출한다. 직접 해보는 경험은 학습을 강화한다. 같은 맥락에서, 일할 때 만지고 느끼는 등 물리적으로 상호작용하는 것은, '개념으로서의 업무work-as-a-concept'를 실체가 있는 '경험으로서의 업무work-as-a-concrete-experience'로 변환시킨다. 그러므로 추상적인 아이디어를 잡아서 눈에 보이는 것(점착식 메모지)에 담는 물리적 경험을 통해 우리는 업무에 대한 이해를 높일 수가 있다. 그러한 경험은 또한 우리의 기억을 유지해 주며, 여러 가지 기량들을 통합skill synthesis 시켜 줌으로써 학습에도 긍정적인 영향을 끼치게 된다.

물리적 신체 감각으로 얻는 피드백 2: 패턴 인식pattern recognition

점착식 메모지를 옮길 때마다 신체 감각적인 피드백kinesthetic feedback 을 얻게 된다. 몸으로 행하는 촉각적인 활동은 데이터의 생성 포인트임과 동시에 보상인 것이다. 이러한 신체적 움직임을 정기적으로 지속하게 되면 '케이던스cadence', 즉 업무의 리듬을 만들 수가 있다. 그리고 이러한 케이던스를 기반으로 다음과 같은 것들을 추정할 수 있게 된다. 패턴을 알아채기 시작하고(예: 자주 지연이 되는 작업의 유형, 추가적인 도움이 필요한 작업의 유형), 분별하게 되며(어떠한 업무를 즐기고, 누구와 일하는 것을 좋아하는지), 업무의 우선순위들을 조정할 수 있게 된다.

실제로 일하는 것과 맞먹는,
머릿속 '실재적 오버헤드existential overhead'

아직 끝내지 못한 일이 있거나 생활 중 산만한 어떤 부분들이 있다면, 그것들을 실제로 처리하고 있지 않은 순간에도 머릿속에서는 그에 버금가는 부수적인 부하(負荷), 즉 오버헤드overhead[9]가 일어나게 된다. 이것을 '실재하는existential 부수적 오버헤드overhead'라 하는데, 이것이 커질수록 생산성은 저하된다. 그런데 업무를 시각화하면, 흐릿한 개념이 명확하게 바뀜

---

9) 옮긴이주: 통신 기술 용어 중에 '데이터 패킷data packet'이라는 말이 있다. 정보를 일정 크기로 잘라 전송하는 단위이다. 패킷은 다시, 실제 정보가 담기는 부분(페이로드 payload)과 이를 관리하기 위한 데이터가 담기는 부분(페이로드 앞쪽에 위치하기 때문에 '오버헤드 overhead' 또는 '헤더header'라고 불림)으로 나눠진다. 오버헤드(헤더)는 실제 정보를 담고 있지 않지만, 정보가 잘 전달되는데 필요한 부수적인 데이터들을 포함하고 있다. 이 책에서 언급하고 있는 오버헤드라는 용어는 이와 유사하게, 실제 일을 수행하는 것은 아니지만 그 일과 관련된 부수적인 정신 활동을 지칭한다.

으로써 우리의 뇌가 이를 쉽게 파악하게 된다. 그러면 자연스럽게 우선순위를 조정할 수 있게 되고, 머릿속에서 추가로 발생하는 실재적 오버헤드의 산만함이 감소한다.

서사narrative 와 지도

점착식 메모지가 퍼스널 칸반 위를 옮겨 다니면, 업무는 '정적인 데이터'에서 '서사적 이야기 instructional narrative'로 바뀌어간다. 이 말이 생소하게 들릴지 모르겠으나, 말 그대로 '이야기'다. 이야기는 어느 시대, 어느 문화에서나 비슷한 서사적 구조로 되어 있는데, 그것은 곧 '기-승-전-결'이다. 퍼스널 칸반에서도 업무는 이러한 구조를 갖게 되어, 우리에게 친숙한 '이야기'가 된다. 즉, 업무가 '할 일 목록(백로그)'에서 태어나서(기[起]), 가치 흐름value stream 의 각 단계를 따라 여행을 하며 발전하게 되고(승[承]), 테스트 되며(전[轉]), 결국에는 해결책을 찾게 되는 것이다(결[結]). 이야기의 큰 흐름을 이렇게 단순하게 표현했지만, 물론 그 속에 있는 다양한 케릭터들, 전개상의 전환점들, 호기심을 불러일으키는 요소들은 삶 자체만큼이나 변화무쌍하다. 따라서 일 또한 곧 이야기며, 그것도 아주 흥미롭고 유익한 이야기다.

퍼스널 칸반은 손과 뇌가 상호작용을 하는 방식을 통해 업무를 정의하고 형성한다. 특히 이것이 프레임워크 안에서 이루어지면서, 우리가 무엇을 하고 있는지, 무엇을 해야 할지, 누구와 할 것인지, 어떻게 해야 할지, 그리고 그 작업이 완료되었을 때 그 일의 영향은 무엇일지를 이해하는 데 물리적이면서도 심리적인 도움을 준다. 즉 이러한 '이야기'가 정보를 위한 구조structure를 제공하는 업무 지도 위에서 펼쳐지는 것이다. 만약 작업들을 지도가 아닌 그냥 바닥에 던진다면, 그것이 '할 일 목록(백로그)' 위에 있는 것인지, 진행 중인 것인지, 혹은 완료되었는지와 상관없이 이야기의 요소만이 존재할 뿐 구조structure는 없게 된다. 하지만 퍼스널 칸반은 업무가 이야기가 되어 논리정연하고 일관성 있게 진화할 수 있도록 구조를 만들어 준다.

이 책을
활용하는 방법

이 책은 엄마도 아니고, 상사도 아니며, 스승도 아니다.

그 이유는 다음과 같다.

나는 한때 미국 오리건Oregon 주의 포틀랜드Portland 에 있는 컨설팅 엔지니어링 회사 DEA David Evans and Associates 에서 일했던 적이 있다. DEA는 직원들을 사려가 깊고 능동적인 주체로서 존중했다. 직원들도 회사가 자신들을 관리하는 것보다는 자기들이 스스로를 관리하는 것이 좋다고 생각했다. 특히 그 회사에는 "우수한 전문가를 찾아내어, 그들에게 자유를 주고 최선을 다할 수 있도록 지원한다."라는 경영 방침이 있었는데, 바로 이것이 나에게 리더십leadership 과 통제control 의 차이를 가르쳐 주었다.

좋은 리더는 목적과 사명, 비전에 대해 명확하고 일관성 있는 생각을 주기 위한 관리 감독은 충분히 하지만, 소소한 것까지 세부적으로 관리

micromanaging 하지는 않는다. 그들은 직원들이 좋은 의사결정을 내리는 데 필요한 정보를 확보할 수 있도록 보장하지만, 좋은 의사결정을 내릴 수 있도록 뒤로 한발 물러선다. 퍼스널 칸반은 DEA의 핵심 원칙을 구현한다. 그 어느 것도 명령이나 요구에 근거하지 않는다. 그 어느 것도 당신을 못마땅하게 여겨 손가락질하며 당신이 잘못하고 있다고 훈계하지 않을 것이다.

그 대신 퍼스널 칸반은 당신에게 자유를 주고, 멋지게 업무를 해낼 수 있도록 지원할 것이다.

기억하자. 퍼스널 칸반은 오직 두 가지 규칙만을 가지고 있다는 것을. "업무를 시각화하라." 그리고 "진행 중 업무의 수를 제한하라." 두 규칙 위에서 현재 상황에 따라 자신을 관리하면 된다. 당신은 자신만의 칸반 형식 format 과 업무의 가치 흐름value stream 을 만들 수 있다. 그 어떤 방식으로든지 당신에게 가장 효과적인 방식으로 우선순위를 정할 수 있다. 또한 상황에 따라 다양한 방식으로 회고를 수행할 수 있다. 업무 전략을 자주 바꿀 수 있으며, 또 그렇게 해야 할 것이다. 그러므로 이 책을 가이드, 도약대, 멘토로 활용하자. 이 책이 바이블, 교관, 또는 독재자가 되지는 않도록 하자. 그렇게 하는 것이 '당신의' 삶이고, '당신의' 업무이고, '당신의' 퍼스널 칸반인 것이다.

업무를 시각화하라.
진행 중 업무WIP의 개수를 제한하라.

퍼스널 칸반 Tips

❶ 퍼스널 칸반은 업무 정보 계기판(정보 방열기)이다.

❷ 업무가 추상적일수록 실재적 오버헤드 existential overhead 가 커진다.

❸ 시각화visualization 는 추상적이고 개념적인 것들을 가시적으로 만들어 준다.

❹ 감당할 수 있는 것보다 더 많은 업무를 처리할 수는 없다.

❺ 진행 중 업무(WIP)의 개수를 제한해야 업무의 완료가 촉진되고 명확성이

   높아진다.

❻ 유연한 시스템은 상황의 변화를 수용한다.

PERSONAL KANBAN

CHAPTER 02

첫 번째
퍼스널 칸반
만들기

이 장에서는 '퍼스널 칸반Personal Kanban'을 전반적으로 살펴보도록 하겠다. 거의 모든 사람들이 두루 쓸 만한 보편적인 퍼스널 칸반의 모습은 무척 단순하다. 업무를 시각화하고, 진행 중 업무(WIP)의 개수를 제한하며, 업무 흐름을 추적하고, 업무의 우선순위 조정을 촉진하는 것이다. 이 기본적인 절차가 첫 시작 단계에서 해야 할 전부다. 이 간단한 설계는 마치 발사대와 같다. 이를 통해 업무를 이해하는 것을 시작으로, 각자의 업무 실정에 더욱 밀접하도록 지속적으로 변경하고 또 개선해 나아가야 한다.

Step 1. 준비물을 챙기자

▶ 나는 절대로 똑같은 칸반을 두 번 다시 그린 적이 없다.

- 코리 라다스Corey Ladas

당신의 첫 번째 퍼스널 칸반을 만들어 보자. 화이트보드, 칠판, 게시판, 플립차트, 규격용지, 파일철의 안쪽 면, 사무실 창문, 냉장고 문, 컴퓨터, 그 어떤 것을 사용해도 좋다. 머릿속에 있는 추상적인 '해야 할 일'을 꺼내 눈앞에 놓을 수만 있다면 어떤 것이라도 상관없다. 정해진 절차나 공식적인 도구, 자격증 같은 것은 없다. 퍼스널 칸반을 접근하기 쉬운 곳에 만들 수만 있으면 된다.

하지만 이왕이면 화이트보드와 마커펜, 그리고 점착식 메모지를 추천한다.

왜냐하면,

화이트보드는 지속성과 유연성 사이의 균형을 적절하게 잡아줄 것이기 때문이다. 업무에 대한 이해도가 높아짐에 따라 퍼스널 칸반은 발전하게 된다. 말하자면, 상황도 변할 것이고 프로젝트 유형도 바뀔 것이며 팀원들도 바뀔 것이다. 그러면 퍼스널 칸반도 그에 맞추어 변화시켜야 한다. 하다 보면 새로운 유형의 작업을 할 수도 있고, 단계를 추가할 수도 있으며, 일하는 방법이 개선될 수도 있다. 그러면 필요한 대로 지우고 새로 그리면 된다.

당신은 자신의 업무를 '모두' 꿰뚫고 있다고 생각할지도 모르지만, 사실상 실제로 수행되고 있는 업무를 제대로 본 적은 없을 것이다. 아무리 프로젝트를 세밀하게 계획할지라도, 그것들은 대부분 수정되어 계획과 다소 달리지기 마련이다. 나는 그러한 개인과 팀, 회사들을 수없이 목격해 왔다. 그들은 자신들의 업무를 충분히 이해하고 있다고 생각했다. 심지어 어떤 이들은 "나는 내 업무를 모두 잘 알고 있단 말이야!" 하고 분개하며 저항하기도 한다. 물론 그들의 이해는 늘 '거의' 정확하다.

'거의' 말이다. 그러나 완전히 정확하지는 않다!

사소하게 보이는 이 차이가 모든 문제를 일으킨다. 우리는 이해하지 못하는 것을 계획하지는 못한다. 팀원들이 약간씩 다른 생각을 하고 있으면 함께 가치를 만들어 나갈 수가 없다. 나는 약간씩 다른 생각 때문에 팀원들이 한껏 목청을 높이는 것을 많이 봐왔다. 그들이 팀으로서 어떻게 협업할지를 동의하지 않았기 때문에, 그들이 하는 모든 것들은 조금씩 서로 다른 맥락 위에 있었던 것이다. 이것은 계획 단계에서부터 항상 조금씩(조금이 아닐 수도 있다) 차이가 있었다는 것을 의미한다.

이제 이러한 차이를 없애 보자. 이를 위해서는 먼저 우리가 '어떻게 일하고 있는지'와 '어떻게 정보에 기반한 의사결정을 할 수 있는지'를 이해해야 한다. 여기서 퍼스널 칸반은 '지속적으로 개선해 가는 시스템'이라는 것을 기억해 두자. 상황은 변하고, 업무도 변한다. 당신의 칸반도 당면한 상황에 맞춰 조정할 필요가 있다.

자, 당신이 우선 준비해야 할 것은 다음과 같다.

- 화이트보드
- (지울 수 있는 평범한) 마커펜
- 점착식 메모지

Step 2. 업무의
'가치 흐름value stream'을 설정하자

▶ 가치 흐름value stream : 업무가 시작되어 완료될 때까지의 흐름

퍼스널 칸반으로 나만의 업무 지도를 만든다. 칸반에 그려지는 전체 프레임이 업무의 가치 흐름이다. 가치 흐름은 업무가 시작되어 완료될 때까지의 흐름을 시각적으로 보여준다.

가장 간단하고 기본적인 가치 흐름은 '대기READY (처리하기 위해 대기 중인 업무)' → '진행 중DOING (현재 처리 중인 업무 WIP: Work-In-Progress)' → '완료DONE (완료된 업무)'이다.

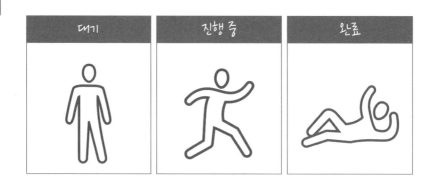

일은 크기와 긴급성, 파생 결과, 고객(당신이 일을 해주는 대상이며, 상사, 배우자, 친구, 심지어 당신 자신일 수도 있다.)에 따라 끊임없이 변화한다. 이러한 수많은 변화 속에서 업무의 현재 상황을 이해한다는 것은 실로 어려운 일이다. 그러나 퍼스널 칸반은 삶의 변화를 수용한다.

퍼스널 칸반은 이러한 업무 상황을 이해하는 데 도움을 준다. 현재 무엇을 하고 있고 왜 하고 있는지를 이해하는 데에도 도움을 준다. 그렇다면 업무를 완료하기 위해 추가로 필요한 것이 무엇인지를 파악하는 데도 도움이 될까? 물론이다. 퍼스널 칸반의 유연성(쉽게 지워지는 마커펜)은 업무의 가치 흐름을 쉽게 수정할 수 있도록 도와준다.

Step 3. '할 일 목록: 백로그backlog'를 만들자

- 백로그backlog : 아직 하지 않은, 해야 할 일을 담은 목록

당신이 해야 할 모든 일들, 그것이 바로 '백로그'이다.

그러나 모호하고 명확하게 정의되지 않은 백로그는 매우 강력하고 또 치명적이다. 그런 백로그는 수많은 벽돌이 가슴 위에 놓인 것처럼 당신을 숨쉬기 어렵게 만들며, 침대 밑 괴물처럼 당신의 숙면을 방해한다. 그것은 당신이 성취한 일들 뒤에 숨어 "축하할 시간이 없어. 해야 할 일들이 더 많다고!"라고 재촉한다.

중요한 것은, '인간은 이해하지 못한 것에 대해 두려워하는 경향이 있다'는 사실이다. 만약 우리가 무언가를 이해하지 못한다면, 그것을 떨쳐버릴 수가 없다. 그러므로 할 일 목록(백로그)에 대해 명확히 알지 못한다면, 다시 말해 목표와 기대의 전체 합을 알지 못한다면, 우리는 일개 인간으로서 '알지 못하는' 그것들을 두려워하게 될 것이다. 그리고 이는 곧 우리 스스로가 자신의 성공을 두려워하는 웃지 못할 모순된 상황에 부닥치는 것을 의미한다.

'할 일 목록'이 모호해지면, 즉 그것이 물리적인 모습으로 표현되지 않으면, 의사결정이 실제 현실에 기반을 두고 이루어지지 않는다. 인간은 자주 감정에 휩싸여 움직이기 때문에, 정보에 입각한 의사결정을 내리려면 업무를 명확히 볼 수 있는 것이 좋다.

먼저, 점착식 메모지에 해야 할 일을 모두 적어 '백로그'를 채우는 것부터 시작하자. 모조리 말이다. 큰 작업이든 작은 작업이든 점착식 메모지에 모든 것을 적어 보자. 할 일을 묻어두지 말자. 당신 자신을 속이지 말라. 필요하다면 점착식 메모지를 당신 방 벽면에 붙여라. 파일함에 '내일 할 일'이라는 라벨을 붙여 그 안에 쌓아두지 말자. 업무라는 괴물은 마주해야만 길들일 수 있다.

나중에는 점착식 메모지 하나에 여러 개의 작업을 기록할 수도 있고, 유관 업무를 색깔별로 구분하여 더욱 쉽게 관리할 수도 있을 것이다. 하지만 지금은 머릿속에 있는 과업들을 끄집어내어 점착식 메모지에 옮겨 적는 것에만 신경 써라.

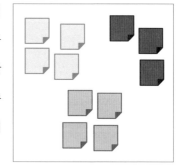

첫 번째 '백로그'를 채우는 것은 꽤 불편한 경험일 수 있다. "일이 너무

많잖아!" 하며 절망할 수도 있다. 하지만 일단 마음을 가라앉히고, 이를 부정하지 말고 수용하라. 고통스러움을 인정하고, 그럼에도 그것을 마주하는 것이 필요하다는 사실을 받아들여라. 이것은 업무를 이해하는 데 꼭 필요한 단계이다.

첫 번째 백로그 작성이 끝났다면(그렇다. 이를 시작으로 앞으로의 새로운 작업들을 계속 추가하면 된다), 그 점착식 메모지들을 보드 옆에 놓아보자. 만약 점착식 메모지가 너무 많다면 일이 너무 많은 것이다. 현실은 잔혹하다. 나중에 이러한 백로그 관리 방법에 대해 더 논의하겠지만, 지금은 단지 그것의 풍성함을 그냥 마주하자.

이제 '백로그' 중 우선해야 할 작업들을 골라, 퍼스널 칸반의 '대기 READY' 칸으로 끌어다 놓자. 원한다면 '대기' 칸에 들어갈 업무 수를 제한할 수도 있다. 물론 제한 없이 그냥 채울 수도 있고, 당신에게 가장 질 맞는 또 다른 방법으로 할 수도 있다.

Step 4. '진행 중 업무WIP'의 개수를 제한하자

- '진행 중 업무 (WIP: Work-In-Progress)' 개수의 최댓값 제한: 주어진 시간에 처리할 수 있는 업무 개수가 특정값을 넘지 않도록 제한하는 것

작업이 절반만 완료되었든 혹은 거의 완료되었든 간에 상관없이, 완전히 완료된 것이 아니라면 여전히 찜찜함이 남는다. 한편, 업무를 수행할 때 충분히 주의를 기울이지 않거나 혹은 완료 이후를 생각하지 않고 무턱대고 일을 하는 경우도 있어, 일이 다 완료되지 않은 것조차 모를 때도 많다. 따라서 업무를 시각화하지 않으면 쌓아 놓은 미 완료 작업들을 명확히 볼 수 없어서, 미 완료 작업들이 얼마나 많이 남았는지도 알 수 없게 된다. 그리고 인간의 뇌는 기본적으로 완결을 갈망하기 때문에, 미 완료된 작업들이 이렇게 남아있는 것을 싫어한다.

정말로 그렇다.

러시아 심리학자 블루마 제이가르니크Bluma Zeigarnik 는 인간의 뇌가 완결을 갈망한다는 사실을 밝혀냈다. '제이가르니크 효과'라고 알려진 이 현상에 따르면, 완료된 것보다 중단되거나 미 완료된 생각이나 행동을 기억할 확률이 90%나 더 높다. 뇌는 의미를 처리하기 위해 패턴을 찾는 경향이 있어 정보가 빠진 부분에 집착하게 되는 것이다. 그렇게 완료되지 않은 작업들은 우리의 주의를 끌기 위해 경쟁하며, 이는 결국 잡념을 야기하여 생산성을 떨어뜨리고 오류의 기회를 증가시킨다.

'내일 이 시간에!'

즐겨보는 드라마 최신편을 녹화하려고 DVR[10]을 사용한 적이 있는가? DVR을 사용하기에 앞서 방영되는 광고에서 '잠깐! 한 가지 더!'라는 말이 나오면, 어떤 최신 유행 상품을 '공짜!'로 제공하는지 알고 싶어서 눈길을 멈추진 않는가? 꼭 그렇지는 않더라도, 못 보고 지나친 것이 무엇인지 궁금하지는 않은가?

인간의 인지 욕구는 이처럼 놓친 정보를 계속 생각나게 한다. 그것이 중간에 끊긴 TV 드라마의 스토리이든, 광고에서의 완결되지 않은 질문이든, 혹은 지난 여름에 중단된 집안일 프로젝트든 상관없다. 내면의 목소리는,

---

10) 옮긴이주: IPTV를 통해 TV 다시보기가 보편적인 한국과는 달리, 이 책이 쓰일 당시 미국과 유럽에서는 DVR Digital Video Recorder 이라는 영상 녹화 시스템을 통해 콘텐츠를 녹화하여 시청하는 것이 일반적이었다. 그리고 대부분의 DVR은 유료 TV 서비스의 일부분으로 제공되었으며 이를 사용하는 과정에서 광고가 함께 방영되는 경우가 많았다.

절반밖에 하지 못한 작업은 물론 거의 완료된 작업까지도 '어떻게 그것을 완결 짓지 못했느냐?'며 끊임없이 잔소리한다. 이러한 제이가르니크 효과는 마음속에 놓여 있는 두려움이나 걱정, 그리고 이러한 것들과 부정적으로 상호작용하는 정신적 긴장감을 촉발한다. 그 결과 이러한 불안감이 악순환되어, 어떤 사람들은 수면에 방해가 되고 건강에 악영향을 끼쳐 심리적으로나 육체적으로 쇠약하게 된다. 이것이 앞서 우리가 논의했던 실재적 오버헤드existential overhead이며, 이는 당연히 생산성을 떨어뜨린다. 하지만 업무를 시각화하고 진행 중 업무의 개수를 제한해 놓으면, 불확실성이 줄어들고 업무의 완결이 촉진된다. 결과적으로 제이가르니크 효과가 가져오는 인식의 작용인 실재적 오버헤드가 줄어들게 되는 것이다.

퍼스널 칸반은 체험적이고kinesthetic, 시각적이며visual, 서사적인narrative 피드백을 제공한다. 점착식 메모지를 '완료DONE' 칸으로 옮기는 것은 뇌에 주어지는 달콤한 사탕과 같다. 체험적이고 시각적이며 서사적인 피드백은 완결을 갈망하는 뇌에 만족감을 주기 때문이다. 업무가 완료되었음을 알고, 다음 작업으로 관심을 옮길 수 있다. 이렇게 일하면 성취감도 올라가고 자존감self-esteem도 높아진다. 또한 한 가지 과업을 완성한 후 다음 과업으로 넘어가는 것을 반복하다 보면, 이러한 순차적 작업이 패턴이 되고 결국 습관이 된다.

그렇다면 이러한 작업들을 가장 쉽고 효과적으로 처리하는 방법은 무엇일까? 그것은 관찰하고, 펼쳐 놓은 후, 그 일을 해치우는 것이다.

하지만 어떻게 그렇게 하냐고? 그렇게 어렵지 않다.

당신이 할 것은, '주어진 시간 동안 할 일'의 수를 제한하는 것이다. 이것을 '진행 중 업무Work-In-Progress', 즉 'WIP'라고 한다.

저글러 플래모 이야기: WIP에 대한 고찰

여름이 끝나가는 어느 주말이었다. 길거리에서 정기적으로 횃불 저글링 공연을 하는 플래모Flameau는 사람들이 몰려들기 전에 소품들을 간신히 풀어놓았다. 그의 명성은 그가 가진 실제 역량보다 훨씬 높았다. 열성적인 구경꾼들은 그날 밤 예정된 '전대미문의 피날레'가 눈앞에서 펼쳐지기만을 학수고대하며, 그의 조수 플라메뜨Flamette가 첫 번째 횃불에 불도 붙이기 전에 이미 모자에 돈을 던지기 시작했다.

플래모는 망토를 벗고 흔들림 없는 시선으로 쇼를 시작했다. 조심스레 횃불을 집어 들었다. 하나, 둘, 세 개의 횃불을 침착하게 던져 저글링을 했다. 두 개는 쉬었고 세 개도 거뜬했다. 타이밍은 완벽하고 공연 팀과의 협력도 흠잡을 데가 없었다. 청중들은 열광했다.

이내 플래모는 네 개, 그리고 다섯 개의 횃불을 집어 던졌다. 약간의 스트레스 징후가 보이기 시작했지만, 넋이 나간 수십 명의 구경꾼들은 거의 눈치채지 못했다. 눈 앞에 펼쳐지고 있는 진풍경과 앞으로 진행될 것에 대한 약속에 현혹되어 기대감은 계속해서 쌓이고 있었다.

얼마 지나지 않아 플래모는 여섯 개의 횃불을 들었고, 곧이어 일곱 개를 들었다. 이마에 깊게 패인 고랑은 함께 공연하는 동료들의 걱정을 불러일으키기 시작했다. 정신적 압박이 증가함에 따라 그의 의식 속에 묻혀 있던 두려움도 점점 드러나기 시작했다.

'플라메뜨가 내가 실패하길 바란다면 어쩌지?'

'리사Lisa 가 평소 보내던 아침 안부 문자를 보내지 않은 데는 뭔가 이유가 있을 거야.' 그의 마음은 여자 친구에 대한 생각에까지 이르렀다.

'MBA 프로그램에 가지 않아도 될까? 남은 일생이 길거리 위에서 갇혀 버리면 어쩌지?' 자신의 미래에 대해서도 곰곰이 생각한다.

어느새 그는 여덟 개의 횃불을 저글링하고 있다. 한때 물 흐르듯 했던 움직임이 이제 급해졌고, 심지어 허둥거리기까지 한다. 불안해 보이고 동요하는 것이, 공연에 집중하지 못하고 있음이 분명했다.

결국 아홉 번째 마지막 햇불을 잡은 지 몇 초 지나지 않아, 플래모는 햇불 손잡이를 놓치고 화염에 휩싸였다. 그리고 놓친 햇불들이 불화살처럼 군중에게 날아갔다. 사람들은 비명을 지르며 흩어졌다. 이제 플래모의 저글링 인생은 험난한 기로에 놓이게 되었다.

플래모 이야기의 성찰: WIP 제한의 중요성

플래모 이야기가 가르쳐 주는 교훈은 무엇일까? 햇불 몇 개 돌리는 것은 어려운 일이 아니었지만, 그렇다고 햇불을 무한정 추가할 수는 없었다. 한계치 바로 아래인 8개에서 멈췄어야 한다고 말하는 것이 아니다. 앞서 강아지 쿠키의 이야기에서도 보았듯이, 역량 한계에 가까워질수록 너 많은 스트레스가 두뇌 자원과 성과에 영향을 미친다. 플래모가 저글링하는 햇불이 3개(편안)에서 4개와 5개(덜 편안)를 넘어, 6개와 7개(불안), 그리고 8개(임계치)에 다다를수록, 스트레스는 그의 마음 속 깊은 곳에 도달하여 고통스러운 기억을 끌어냈다. 그리고 그것은 불안 및 두려움과 결합되어 '진행 중 업무(WIP)'에 대한 부하로 이어졌다. 더 많은 일을 처리하느라 스트레스가 고조된 것에 더하여 불안과 두려움과도 맞서 싸워야 했기 때문에, 우리가 인식하는 것보다 훨씬 더 많은 '진행 중 업무(WIP)'의 부하가 야기된 것이다. 강아지 쿠키가 초코맛 시리얼을 잡는 것이나 플래모가 햇불을 저글링하는 것처럼, 일은 선형적으로 늘어나지만 실패의 가능성은 기하급수적으로 증가한다.

저글러도 일반 사람들과 다르지 않다. 단지 한 번에 조금 더 많은 것들을 다룰 수 있을 뿐이다. 사람들은 더 많은 업무를 수행할수록 더 불안정하게 되고 더 많은 스트레스를 받는다. 많은 연구가 멀티태스킹을 수행하는 중에는 최대의 효과를 낼 수 없다는 것을 일관되게 보여준다. 오직 진행 중 업무WIP 의 개수를 제한하고 우리 앞에 놓여 있는 작업에 집중할 때 최대의 효과가 발생하게 되는 것이다.

플래모의 여자 친구 리사와의 불안감은 새로운 것이 아니었다. 그 불안감은 항상 존재하고 있었으며, 마음속에 깊숙이 숨어 있으면서 표면화되기만을 기다리고 있었다. 이러한 불안감들은 그의 머릿속에 실재하는 오버헤드들이다. 그의 뇌가 의식의 뒤에서 조용히 처리할 수 있는 충분한 능력과 여유를 유지하고 있는 동안에만 억눌려 있었을 뿐이다. 그러나 그가 횃불의 수를 지나치게 늘리자, 그의 뇌는 그 부수적인 오버헤드를 텅 빈 구석 한쪽에 몰아 놓을 수가 없게 되었다. 빈 공간이 더 이상 남아있지 않게 된 것이다.

퍼스널 칸반은 최적의 속도로 최적의 업무량을 수행할 수 있는 최적의 지점을 찾아준다. 이는 업무도 통제할 수 있으면서 삶의 다른 부분들도 챙길 수 있는 정도의 수준을 말한다. 쿠키와 플래모의 경우, 최적의 지점은 3개였다.

대기	진행 중(3개)	완료

　　당신의 최적 업무량을 찾기 위해 시작할 일은, '진행 중 업무(WIP)의 개수'를 임의의 값으로 설정하는 것이다. 단, 처음부터 3개를 넘기지는 말자. 이 숫자를 퍼스널 칸반 '진행 중DOING' 칸에 기입하자. 숫자는 추후 변경할 수 있으므로, 현실적이고 편안함을 느끼는 업무의 개수로 시작하자. 동기부여가 되고 에너지가 넘치는 날에는 WIP의 용량이 증가할 것이다. 반대로 주의가 필요한 비상 상황이 발생하면 WIP 한도는 감소해야 한다. 자신의 능력을 이해하게 되면, 상황 변화에 상관없이 그만큼 더 도전할 수 있다. 퍼스널 칸반은 우리가 대응하고 있는 모든 상황을 투영해주며, 업무의 효과를 높이기 위해서 무엇을 해야 하는지도 잘 보여준다.

Step 5. 당김pull 을
시작하자

• 당김pull : 작업을 할 준비가 되었을 때만 작업을 '진행 중DOING ' 칸
  으로 당겨서 가져오는 것

지금까지 우리는 퍼스널 칸반을 만들어 보았다. 그 안에는 업무의 가치
흐름value stream 이 있고, '할 일 목록(백로그)'과 '진행 중 업무(WIP)의 개수
제한'이 있다.

이제는 당김pull 을 할 차례다.

'대기READY ' 칸에서 '진행 중DOING ' 칸으로 작업을 당길 때마다 우리
는 현재 상황을 고려하여 우선순위를 재조정해야 한다. 또 업무를 하면서

더 효과적으로 당길 방법도 찾아봐야 한다. "어떤 것이 가장 급한 작업인가?", "회의하러 가기 전 30분 동안 어떤 작업을 할 수 있을까?", "어떤 작업들을 함께 묶어 일괄 처리할 수 있을까?" 같은 질문을 자신에게 해보라.

그러한 질문을 마음속으로 하면서, 백로그로 가서 몇 개의 작업을 퍼스널 칸반의 '대기READY' 칸으로 당겨라. 그다음, 상황을 고려하여 가장 우선순위가 높은 작업을 '진행 중DOING' 칸으로 당겨라. 단, WIP 제한 값을 넘겨서는 안 된다. 그리고 작업이 완료되면 그것을 '완료DONE' 칸으로 당겨라.

업무를 당기는 것은 간단하지만 매우 중요하다. 업무의 상태를 변경하기 위해 점착식 메모지를 칸반의 가치 흐름에 따라 옮기는 물리적 행위는 '완결'에 대한 뇌의 욕구를 충족시킨다. 이것은 완결에 대한 체험적kinesthetic 표현이고, 제이가르니크 효과에 대한 해독제이다.

퍼스널 칸반은 '당김'을 기반으로 하는 시스템이다. 수용할 수 있는 여유가 있을 때만 업무를 '진행 중DOING' 칸으로 당겨야 한다. 당김은 의도적인 행동이다. 우리가 일을 할 때 일반적으로 행하는 '밀어내기push'와는 다르다. 밀어내기 시스템에서는 할 수 있는 여유가 있든 없든, 또는 그 순간 정말로 최우선적인 작업인지에 상관없이 해야 할 일과 해야 할 때를 지시한다.

Step 6. 성찰reflect을 하자

며칠이 지나면 퍼스널 칸반의 '완료DONE' 칸은 꽉 차게 될 것이다. 그
것은 당신이 생산적이었다는 증거다. 그러나 퍼스널 칸반은 거기서 멈추지
않는다. 이제는 생산적productive 이었는지를 넘어 효과적effective 이었는지를
알아봐야 할 때다. 잠시 시간을 내어 다음 질문에 대해 생각해 보자.

- 어떤 작업을 특히 잘 수행했는가?
- 어떤 작업을 수행할 때 기분이 좋았는가?
- 어떤 작업이 완료하기 어려웠는가?
- 적합한 작업right task 이 적절한 시간right time 에 완료되었는가?
- 완료된 작업은 가치를 제공하였는가?

그리고 각 질문마다 '왜 그런지'를 자신에게 물어보자.

축하한다! 이제 막 첫 번째 '회고retrospective'를 마쳤다. 이것은 당신이 '무엇을 하고 있는지', '왜 그리고 어떻게 그것을 하고 있는지', '무엇을 가장 잘하는지', 그리고 '어디를 개선할 것인지'를 생각하게 해주는 주기적인 프로세스이다.

퍼스널 칸반의 힘을
증폭시켜 보자

다음에 소개할 기술들은 적용해도 좋고 적용하지 않아도 좋다. 적용하면 퍼스널 칸반의 난이도가 살짝 올라갈 것이다.

팀과 마찬가지로 개인에게도 일을 처리하는 고유한 방식이 있다.

프로젝트 하나에 별도의 전용 칸반이 필요할 만큼 큰 프로젝트를 시작하게 되면, 먼저 '이 프로젝트가 실제로 어떻게 흘러가는지'를 스스로에게 물어봐야 한다.

이런 시나리오를 가정해 보자: 당신은 보조금 신청서를 쓰는 위원회의 일원이다. 위원회는 한 팀이고, 각 팀원들이 한 부분씩 맡아 신청서를 작성하게 된다. 개인이 맡은 부분이 모두 작성되면, 그것을 모아 편집하고 최종적인 문서로 마무리한다. 이때 보조금 신청서 작성의 가치 흐름은 다음과

진행 중 업무의 개수를 제한하라

같을 것이다.

백로그 ➔ 작성 ➔ 검토 ➔ 수정 ➔ 최종 검토 ➔ 최종안 ➔ 완료

아무리 작은 프로젝트라도 업무수행에 있어 예상 가능한 단계들을 관찰해야 하고, 퍼스널 칸반이 이 단계들을 모두 담을 수 있게 해야 한다. 만약 다른 사람으로 인해 혹은 당신의 통제 밖에서 일어나는 업무가 있다면, 그런 것들도 칸반에 반영되었는지를 확인해야 한다.

왜냐하면,

이러한 것이 업무 프로세스에 지연과 낭비를 야기시킬 수 있는 요주의 단계들이기 때문이다. 업무가 어떤 지점으로 흘러가 정체되면 이를 '병목 bottleneck '이라고 하는데, 이는 업무의 흐름을 막는 제약constraint 이다. 가치 흐름과 일을 시각화하면 이러한 지점들도 자연스레 시각화된다. 가치 흐름을 통해 일이 흐르는 것을 볼 수 있으며, 어디에서 일이 순조롭게 진행되는지, 어디에서 일이 느려지는지, 혹은 어디에서 일이 정체되는지를 알 수 있게 되는 것이다.

퍼스널 칸반의 추가열 옵션 2가지

앞서 보조금 신청서 작성에서 보았듯이, 가치 흐름은 보다 복잡해질 수 있다. 여기서는 기본적인 '대기READY → 진행 중DOING → 완료DONE '

의 가치 흐름에 추가할 수 있는 두 개의 옵션에 대해 살펴볼 것이다. 우선 순위(적시에 적절한 업무를 고르는 여러 가지 방법)와 설계 패턴(업무를 시각화하는 여러 가지 방법)에 대해서는 나중에 더 다룰 예정이다. 다시 한 번 말하지만, 이는 필수사항이 아닌 선택사항이다. 원한다면 따라 해 보는 것이 좋겠으나, 무조건 따라 하지는 말고 당신의 상황에 적합하다고 판단될 때만 실행하도록 하라.

보류PEN

이상적으로는 어떤 작업을 선택하고 그것이 완료된 것을 확인한 후에만 다음 업무를 당겨 와야 한다. 그러나 현실적으로는 개인 차원의 일들이 그렇게 명확히 딱 잘리지 않는다. 모든 일을 항상 독립적이고 자율적으로 결정하여 자기 스스로 완결할 수 없고, 다른 사람들에게 의존해야 하는 경우도 있다. 즉, 업무를 수행하기 위한 투입물input 이나 전달받아야 하는 것들을 기다려야 하거나, 또는 작업이 완료되기 위한 시간의 경과가 전적으로 우리에게 달려 있는 것은 아니라는 말이다.

그런 경우, 아직 완료되지 않았지만 그렇다고 진도를 나가기도 어려운 작업들은 '보류PEN (가축을 가두는 우리를 의미 - 옮긴이)' 칸으로 격리시킨다. 이러한 작업들은 보통 당신의 통제를 벗어난 추가적인 조치들을 기다려야 한다. 예를 들어, 당신이 해야 할 작업 중 하나가 '페인트공 섭외 일정 잡기'라고 하자. 당신은 이 업무를 '대기READY' 칸에 놓을 것이고, 그것을 '진행 중DOING' 칸으로 당긴 후 페인트공에게 전화할 것이다. 그런데 이미 업무 시간이 지난 오후 6시 30분이어서, 그들에게 음성 메시지를 남겼다.

만약 WIP 제한값이 3이라고 할 때, 음성 메시지를 3개 남겼다면 당신은 더 이상 다른 업무를 수행할 수 없는 상태가 된다. 이미 WIP 제한값에 다다랐기 때문이다.

여기서 한 가지 주의할 점은, 외부의 인풋input 을 추가적으로 기다리고 있는 작업만을 '보류PEN' 간에 놓아야 한다는 것이다. 외부의 도움이 필요 없는 일인데도 단지 진행이 막혀 있다고 해서 '보류' 칸으로 넣으려는 유혹은 단연코 뿌리쳐야 한다. 그런 일은 그냥 끝까지 해 나가는 게 최선이다. 만약 진짜 그 일로 막혀 있다면, 친구나 동료에게 도움을 요청하자. 그렇게 하지 않는다면, '보류' 칸은 당신을 화나게 하는 모든 작업들로 가득 채워질 것이다.

또한 일시적으로 작업을 '보류' 칸에 두었다 하더라도, 이 일이 잊혀지지 않고 처리될 수 있도록 해야 함을 기억하자. 그러려면 '6월 10일에 음성 메시지 남겼음', '6월 12일에 재확인 전화하기' 같은 메모를 추가하는 것이 좋다. '보류' 중인 작업은 현재 진행 중인 WIP에서 벗어나게 되므로, 그 작업이 오랫동안 방치되지 않고 다시금 WIP 안으로 돌아올 수 있도록 상기

시키는 것이 중요하다. '보류' 칸에 있는 작업들이 방치되지 않고 실행될 수 있도록 늘 주의하자.

'보류' 칸이 보기 좋게 미화된 쓰레기 칸이 되지 않게 하려면, 이곳에도 별도의 업무 개수 제한값을 설정해 두는 게 좋다. 또한 '보류' 칸에 작업들이 채워져 있는데도 이를 건너뛰고 '백로그'를 먼저 비워서도 안 된다. 작업을 '진행 중' 칸으로 당길 때는 '보류' 칸을 항상 우선해야 한다.

'보류' 칸이 자주 비워지지 않으면, 작업들은 맥이 끊겨 그 본래의 맥락과 연관성을 쉽게 잃어버릴 수 있다. 그러니 부디 '보류' 칸에 일이 쌓여 당신의 게으름이 시각적으로 표현되지 않게 하자.

오늘 할 일TODAY

'오늘 할 일' 칸은 오늘 완수할 것으로 예상되는 작업들을 당겨오는 칸이다.

24시간 주기의 리듬은 생각 이상으로 인간의 정신과 생활에 확고히 뿌리내리고 있다. 이것은 우리가 깨어 있어야 하는지, 자고 있어야 하는지, 혹은 언제 저녁이 준비될지를 알려주는 24시간 생체 시계다.

사람들은 생리학적으로나 심리학적으로 '하루'라는 개념에 이미 익숙해져 있다. 많은 부분에 있어 '하루'가 주된 기준점이고, 하루 단위로 성취를 평가하게 된다. 월요일 아침 7시 30분에 사무실에 출근하든, 혹은 하와이 마우이Maui에서 휴가를 보내는 중 대낮이 되어 깨어나든, 우리는 자동적으로 '오늘 내가 할 일은…'이라고 머릿속으로 그날의 목표를 나열한다.

업무뿐 아니라 휴식을 위한 일도 정당한 목표라는 것을 기억하자. 만약 당신이 파도타기를 하고 포이poi (하와이 전통 토란 요리 – 옮긴이)를 먹을 계획이라면, 그것이 비록 휴식과 관련된 일이라 하더라도 '오늘 할 일' 칸에 포함되어 있어야 한다.

대기		오늘 할 일	진행 중	완료
코코넛 푸딩 먹기	칼루아 피그 먹기	파도 타기	쉐이브 아이스 먹기	
말라사다스 도넛 먹기	아히 포케 먹기	포이 먹기		
훌리훌리 치킨 먹기	포케 먹기			

문제는 대부분의 사람들이 하려던 일 모두를 처리하지는 못한다는 것이다. 그래서 그 날의 끝에 가도 '오늘 할 일' 칸에는 완료되지 못한 일들이 여전히 가득 차 있게 된다. 그러면 우리는 실제로 성취한 것들조차도 평가절하하면서, 일을 성취하지 못했다는 사실에 사로잡히게 된다(제이가르니크 효과를 기억하자). 몇 가지 멋진 일을 해냈을지도 모르지만, 그럼에도 계획했던 모든 일들을 성취하지는 못했기 때문에 그 성취들을 제대로 인정하지 못한다. 글쎄, 어쩌면 애당초 모든 계획들은 불합리한 목표였을지도 모르는데도 말이다.

'오늘 할 일' 칸은 '매일 하고 싶은 일'과 '실제로 성취할 수 있는 일'의 차이가 무엇인지를 보여준다. 어떻게 '매일의 목표에 미치지 못하는지'도 보여준다. 이로써 우리가 매일 처리할 수 있는 일의 양을 실제로 가늠하게 된다면 하루를 시작할 때 보다 현실적인 목표를 세울 수 있을 것이고, 하루를 끝마칠 때 우리가 효과적이었다는 성취감을 더 많이 느끼게 될 것이다.

2장을 마치며

2장은 퍼스널 칸반을 수행하는 방법에 대해 다루었으며, 퍼스널 칸반을 시작하는 데 필요한 최소한의 기본 정보들을 모두 담았다. 3장부터는 이러한 절차들이 작동되는 원리와 이유, 그리고 이를 확장하는 방법에 대해 더 구체적으로 살펴볼 것이다.

퍼스널 칸반 Tips

❶ 정해진 가이드만을 고수하지 말고, 각자 처한 상황에 따라 필요한 만큼
   퍼스널 칸반을 수정 변경하도록 하자.

❷ '할 일 목록(백로그)'을 만들 때는 솔직하게 모두 적어야 한다.

❸ 퍼스널 칸반의 업무 가치 흐름은 특정 프로젝트에 맞춰 조정될 수 있다.

❹ 실제로 일어나고 있는 일이 무엇인지를 볼 수 있게 하는 것이, 업무의
   본질과 속성을 시각화하는 것의 핵심 작업이다.

❺ WIP의 제한값을 초과하면, 스트레스가 발생한다.

❻ 예상치 못한 일들이 발생할 수 있음을 예상하자.

CHAPTER 03

교통 관리와 같은
시간 관리

▶ 늘 무언가가 벌어진다. 햄버거 안에 발톱이 있다거나 신발에 화장실 휴짓조각이 붙어 나온다.

　　　　　　　　　　　　　- 로잔느 로잔나다나Roseanne Roseannadanna

교통traffic 과 같은
흐름flow

- 수용량capacity : 얼마나 많은 업무를 최대로 수용할 수 있는가fit
- 쓰루풋throughput [11]: 얼마나 많은 업무가 실제로 처리(완료)되며 빠르게 흐르는가flow

이 둘은 같은 말이 아니다.

우리는 너무나 당연하게 '자유 시간free time'을 '수용량capacity'의 관점으로 이해한다. 즉, 비어 있는 시간이 있다면 그 시간에 더 많은 업무를 수행할 수 있다고 생각하는 것이다. 예를 들어, 일정표에 자유 시간이 보이면

---

11) 옮긴이주: 'throughput'을 '수용량capacity'이라는 용어와 대비하여 '처리량'으로 번역하는 것이 보다 직관적일 수도 있으나, 비단 양적인 의미 외에도 속도적인 의미가 함께 가미된 '쓰루풋'이라는 제약이론TOC의 용어를 차용하였다.

그 시간에 회의나 통화를 더 시도할 수 있고, 아니면 우체국이라도 갈 수 있다고 생각한다. 그렇지 않은가?

그러나 틀렸다.

일정표에서 공백을 '자유 시간'으로 여기고 이를 채우려 하는 것, 이것이 바로 당신의 업무가 예정보다 늦어지는 이유이다. 사람들은 하나의 일정과 다음 일정 사이에 여유를 거의 허용하지 않는다. 하루가 끝날 때까지 그들의 스케줄에는 어떠한 여유도 없다.

"물을 좀 더 드릴까요?"

유리컵에 물이 반쯤 채워져 있는데 웨이터가 그것을 보고 물병을 가지고 온다면, 당신은 아마 그 컵이 가득 채워지리라고 기대할 것이다. 왜냐하면 컵의 빈 공간을 '물을 채울 수 있는 공간'으로 생각하기 때문이다. 마찬가지로 우리는 스스로를 유리컵으로 여겨, 빈 시간들을 더 많은 업무로 채우려 한다. 또 그 업무들을 모두 처리할 수 있다고 생각한다. 하지만 사실은 다르다. 사람은 유리컵과는 전혀 같지 않다. 유리컵이 '가득 찼다'는 말은 물의 수용량capacity을 의미하지만, 사람에게 '가득 찼다'는 말은 업무의 수용량이 아니라 쓰루풋throughput, 즉 처리량을 의미한다. 업무는 보유contain 하는 것이 아니라 처리process 하는 것이기 때문이다.

그런 의미에서, 업무는 사실 유리컵보다 고속도로와 비슷하다.

유리컵과 마찬가지로 고속도로도 0%에서 100%까지 수용량이 있다. 텅 텅 빌 수도 있고, 자동차로 꽉 찰 수도 있다. 그러나 고속도로는 유리컵처럼 수용량으로 최적화하는 것이 아니라, 쓰루풋을 기반으로 최적화한다. 수용량은 공간space 과 관련이 있지만 쓰루풋은 흐름flow 과 관련이 있다.

대부분의 운전자들은 조심스럽게 방어운전을 하겠지만 어떤 이들은 아주 공격적으로 난폭운전을 한다. 그런데 도로는 이 모든 운전자들의 스타일을 수용해야 한다. 그러다가 어느 정도 혼잡한 상황이 되면 통행이 느려지기 시작하며, 이윽고 최저 쓰루풋에 도달하게 된다.[12] 차량이 많아질수록 운전 스타일의 변화는 커지며, 그럴수록 통행은 더욱 느려지고 그 흐름flow 의 제약도 더욱 커진다. 결국 전체 통행 속도는 도로에서 가장 느린 차들의 속도와 같아져 버린다. 교통체증은 차량수가 도로 수용량의 65%에만 도달해도 일어나기 시작한다. 고속도로가 100%의 수용량에 근접하면, 고속도로는 더 이상 도로임을 포기하고 주차장이 되는 것이다.

수용량은 쓰루풋을 비효과적으로 측정한 것이다. 이것은 '우리가 무엇을 할 수 있는지'를 가늠하기 위한 방법 중 가장 끔찍한 방법이다. 수용량은 '우리가 실제로 어떻게 일하는지', 또는 '실제로 어떠한 비율로 일하는지'를 측정해 주지 못한다. 수용량은 '얼마의 업무량이 수용 가능한지'를 측정하는 데 있어서 아주 단순하고도 무식한 측정 도구인 것이다.

교통이 그렇듯, 업무도 담아 두는fit 것이 아니라 흐르는flow 것이다.

업무를 흐름으로 인식하지 않거나 그렇게 대하지 않을 때, 우리는 멀티

---

12) 도시계획가로서의 나의 경험상, 교통체증은 도로 수용력capacity 의 65% 지점에서부터 발생할 가능성이 높다.

태스킹의 노예가 된다. 결국 얼마 지나지 않아서 각각의 작업에 대한 끈을 모두 놓치게 된다. 질적인 측면(효과성)에서 분명히 타격을 입을 것을 알면서도 양적인 측면(생산성)에만 집중하게 될 것이며, 다음 작업으로 넘어가기 위해 일을 서둘러 해치우려고만 할 것이다. 결국에는 양과 질 그 어느 것도 달성하지 못하게 된다.

그림 속의 오토바이는 당신이 방금 전에 하기로 한 5분짜리의 작은 작업과 같다.

'고작 5분짜리 일인데, 어떻게 안 된다고 거절할 수 있겠어?'

과거에는 멀티태스킹을 잘하는 사람이 한 가지 일에만 집중하는 사람에 비해 지능적으로 우수하다고 생각했다. 하지만 2009년 스탠포드 대학의 한 연구는 이러한 신화를 뒤집고, 멀티태스킹이 궁극적으로는 생산성을 떨어뜨린다는 사실을 밝혀냈다.[13] 광범위한 테스트를 한 결과, 멀티태스킹을 잘 하는 것으로 여겨지는 참가자들이 멀티태스킹을 잘 못하는 것으로 여겨지는 참가자들에 비해 더 나쁜 결과를 보여주는 것으로 일관되게 나타났다. 이 테스트에는 여러 가지 지시를 동시에 따라야 하거나 혹은 한 작업에서 다른 작업으로 빠르게 업무 전환을 해야 하는 등 멀티태스킹 능력이 뛰어난 사람에게 유리할 수 있는 실험들도 포함되어 있었다.

멀티태스킹에 뛰어나다는 사람들은 쓰루풋이 아닌 수용량을 기반으로 업무를 최적화한다. 하지만 그들은 여러 갈래의 업무에 대한 정보들을 동시에 효과적으로 다룰 수 없었다. 여러 데이터 중에서 한 갈래의 데이터를 무시하고 다른 데이터에 집중하도록 요청했을 때, 그들은 해당 데이터에 대해 효과적으로 정보를 걸러 내는 데 어려움을 겪었다. 그럼에도 그들은 과제에 집중하고 완수하는 자신들의 능력을 과신한 나머지, 너무 쉽게 모든 것들을 떠맡았다. 오히려 멀티태스킹을 잘 하지 못하는 사람들이 자신들의 환경을 잘 인식함으로써, 적절한 정보를 보다 잘 처리할 수 있다는 것을 증명해 냈다.

여러 가지 일을 수행할 때, 인간의 뇌는 동시에 여러 가지 정보의 흐름

---

13) http://news.stanford.edu/news/2009/august24/multitask-research-study-082409.html

을 처리하려고 노력한다. 이것은 문자 그대로 '뇌를 분할하여', 뇌의 각 부분이 특정한 작업에 대응하고 집중하는 것이다.[14] 3개 이상의 활동은 뇌를 지나치게 자극하여 정신적 혼선을 야기한다. 결국 쉽게 산만해지고 심지어 가장 간단한 작업을 하는데도 고군분투하게 된다. 뇌의 고속도로가 작업들로 가득 차게 되는 것이다. 얼마 지나지 않아 점점 쓰루풋이 느려지기 시작하고 결국에는 교착 상태gridlock 또는 정신적 소진 상태mental burnout 에 이르게 된다.

도로와 마찬가지로 업무 또한 정체되지 않고 원활한 흐름을 갖기를 바랄 것이다. 그러기 위해서는 수용량보다는 쓰루풋이 필요하다. 쓰루풋은 '흐름 기반 시스템'이다. 우리의 일정에 담을 수 있는 업무의 양뿐 아니라, 시간의 흐름에 따라 '대기' 칸에서 '완료' 칸으로 흐르는 업무의 양까지 측정해준다.

퍼스널 칸반은 업무가 어떻게 흐르고 있는지, 어디에서 잘 흐르고 있으며 어디에서 막혀 있는지를 통찰하게 해준다. 가설에 기반한 추정값이 아니라, 업무가 '대기' 칸에서 '완료' 칸으로 이동하는 실제 속도가 바로 쓰루풋이다. 정보 기반 의사결정informed decision making 을 위해 측정하고, 평가하고, 활용할 수 있는 중요한 값들 중 하나가 쓰루풋이다. 이를 통해 우리는 작업을 완전히 완수해 낼 수 있는 역량의 범주 안에서 업무를 관리하게 된다.

14] http://www.sciencemag.org/news/2010/04/multitasking-splits-brain

현실성 점검Reality Check

갑작스런 일이 발생하고 업무의 우선순위가 변화무쌍하게 바뀌는 날들이 있을 것이다. 앞서 말했듯이 멀티태스킹이 이상적이지 않은 것은 분명하지만, 그럼에도 불구하고 그러한 상황에서는 멀티태스킹을 할 수 밖에 없다. 중요한 것은 그런 상황 속에서도 여전히 변동에 대한 정보를 지속적으로 갱신하여, 이를 기반으로 의사결정하고 행동을 해야 한다. 퍼스널 칸반은 이러한 바쁜 날의 상황도 수용할 수 있어야 한다. 그리고 그러한 상황이 발생하면, 예상치 못한 업무의 흐름을 줄일 수 있는 방법을 찾아야 할 것이다.

진행 중 업무의
개수 제한하기

　강아지 쿠키와 초코맛 시리얼 이야기로 돌아가 보자. 'WIP' 제한값을 초과한 후, 쿠키는 초코 시리얼을 놓치기 시작했을 뿐 아니라 거의 트라우마 같은 행동을 했다. 어떻게든 시리얼을 먹기 위해 이 벌칙 같은 행동을 계속 반복한 것이다.

　현실적으로 말하면, 우리 모두의 내면에는 작은 쿠키가 있다.

　우리의 삶은 어떠한가? 배배 꼬인 13살짜리 꼬마가 시리얼을 한 움큼 집어 던지는 것이 꼭 엄청난 속도로 과업을 퍼붓는 것과 같지 않은가? 우리는 그 업무들을 모두 해내지 못할 뿐 아니라, 그 많은 업무 앞에 두려워지기까지 한다. 그럼에도 우리는 더 많은 일을 하기 위해 과부하가 걸리면서까지 꾸역꾸역 작업을 추가한다.

우리는 업무량을 조절할 필요가 있다. 업무량을 통제 가능한 덩어리들로 작게 나누고, 먼저 시작한 것을 우선적으로 끝내야 한다. 그러기 위해 '진행 중 업무(WIP)'의 개수 제한이 무엇보다 필요하다.

진행 중
(3개)

처음 시작할 때는 WIP 제한값을 임의로 설정해야 한다. 아마도 2~3개가 될 것이다. 시작이 그렇다는 말이고, 이 또한 하나의 제안일 뿐이다. 정작 중요한 것은 진행 중 업무의 개수를 일단 제한하기 시작한다는 것이고, 시작한 업무를 먼저 끝내고 나서 다음 작업으로 넘어간다는 것이다.

시간이 지나면 자연스레 WIP 제한값을 상황에 따라 조정해야 한다는 것을 깨닫게 될 것이다. 작업이 지속적으로 지연되는 상황이라면 WIP 제한값을 더욱 낮춰야 한다. 반대로 점착식 메모지를 '진행 중' 칸으로 당겨오는 것이 빠른 편이라면, 당신이 더 많은 일을 처리할 수 있다는 뜻이므로 WIP 제한값을 높이는 것도 좋다. 혹은 보다 크게 정의된 작업을 처리하는 것도 고려할 수 있다.

너무 단순하게 생각하는 것일 수도 있겠으나, 아직은 WIP를 쉽게 다루는 것에 집중하자. WIP가 무엇을 의미하는지, 어떻게 그것을 측정하는지, 그것이 주는 영향은 무엇인지 등 WIP에 대해 더 자세히 알고 싶다면 웹사이트 personalkanban.com의 글들을 참고하라. 다만 초기에는 이보다, 업

진행 중 업무의 개수를 제한하라

무의 흐름과 업무가 실제로 '형체shape'를 띄고 있는 것처럼 다루는 것[15]에 집중하기를 추천한다. WIP 제한값에 대해 실험은 하되 일단은 그것에 너무 집착하지는 말자.

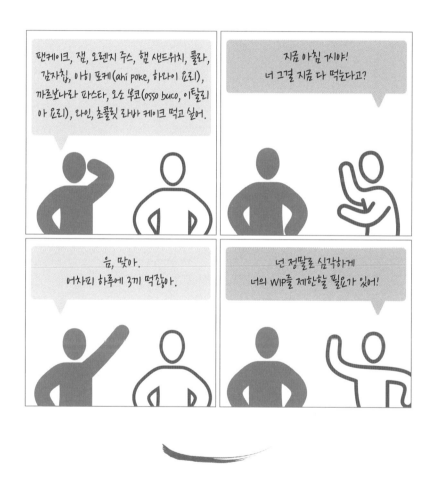

15) 옮긴이주: 업무를 점착식 메모지에 적어, 칸반 보드 위의 가치 흐름에 따라 옮기는 것

삶을 제대로 살기

모래시계처럼 우리의 나날들을 그냥 흘려보내고 싶은가?
아니면 소설 속의 명장면처럼 의미 있게 살아가기를 원하는가?

한때 규모가 큰 조직을 이끌었던 시절, 조직원들에게 각자의 시간표를 작성하도록 한 적이 있다. 인정컨대 이 작업은 그다지 신나는 일이 아니었기에, 그 당시 겪었던 반발은 납득할 만했다. 그리고 나는 아주 오랫동안 그들이 반발했던 이유가 단지 시간표 작성이 지루한 작업이었기 때문이라고만 생각했다. 하지만 가만히 생각해 보니, 지루한 작업은 많다(예: 프린터 토너 교체 등). 그런데 사람들은 별다른 거리낌 없이 그런 일들을 수행한다. 그런 일을 하는 이유가 단순한 체념은 아니지 않은가? 그렇다면 과연 무엇이 그런 차이를 만드는 것일까?

그것은 바로 '제이가르니크Zeigarnik 효과'였다! 미 완료된 작업에 집중하다 보면 완료한 작업은 쉽게 잊는다. 당신도 생각해 보라. 완수한 일들이 잘 기억나는지. 지루할지라도 쉽게 완료되는 일들은 금방 잊히기에, 사람들은 별다른 거리낌 없이 다시 그런 일들을 수행하는 것이다.

실제로 사람들은 자기가 한 일들을 잘 잊는다. "도대체 이번 주에 내가 무엇을 했지?" 머리를 쥐어뜯으며 이렇게 말하는 것이 사람들의 일상이다. 기억이 잘 나지 않는 어느 날에 내가 무엇을 했는지를 머릿속으로 재현해 내기 위해, 말도 안 되는 과학 수사 연구 프로젝트를 시작해야 할지도 모른다. 주중에 일어났던 일들을 찾아내기 위해 시간이나 날짜도 들춰 보고, 기록들도 뒤진다. 달력, 이메일, 팩스, 휴대폰 할 것 없이 각종 기록들을 뒤지며 단서를 찾아야 하는 것이다.

> 잃어버린 시간을 찾느라 시간을 잃어버린다.

솔직히 말해 끔찍하다. 우리 삶의 수많은 시간이 허공으로 사라지는 것이다. 무엇을 하고 있는지 주의를 기울이지 않고, 별다른 생각 없이 그리고 끝없이 단지 일만 함으로써 잃어버리는, 결코 회복할 수 없는 소중한 시간들이다. 하지만 퍼스널 칸반으로 해야 할 일(백로그), 진행 중 업무, 완료한 작업들을 시각화한다면, 당신이 완수해낸 멋진 일들을 기록으로 남기는 것은 물론이요, 앞으로 해야 할 일들을 알게 되는 보상까지 얻게 될 것이다.

기억할 수 없다면, 개선할 수도 없다.

퍼스널 칸반을 활용한다면 실제 업무에 대한 평가도 제대로 내릴 수 있다. 과거의 행동과 미래의 기회를 비교하여 가장 효과적이고 의미 있는 방법을 발견할 수 있게 된다. 단기적인 필요와 장기적인 목표를 연계하여 균형을 유지하는 의사결정을 내릴 수 있게 된다. 말하자면, 특정 순간에 당신의 에너지를 전문 자격증을 따기 위해 쓸지, 아이들과 노는 데 쓸지, 아니면 거실을 수리하는 데 쓸지 결정할 수 있는 것이다.

물론, 우선순위 목록에 있는 일들이 서로 연결되지 않아 보일 수 있다. 나의 장기적인 목표가 주방 조리대를 닦는 것과 무슨 연관이 있다는 말인가? 하지만 대장균으로 가득 찬 주방에서 감염이 되어 문제가 생긴다면, 그 장기 목표는 분명 영향을 받을 것이다. 우리는 이러한 다양한 변수들을 고려하여 결정한 행동(선택지)에 대해 평가를 하기 원한다. 그런데 그러한 선택지 간에는 예기치 못한 관계가 있으므로 의사결정은 전체 포트폴리오를 기반하여 이루어져야 한다. 이를 경영 용어로는 '위험 분석 risk assessment '이라고 한다.

퍼스널 칸반은 다음과 같은 것들을 보여줌으로써 특정 작업에 대한 위험과 보상을 평가하는 데 도움을 준다.

- 실제로 시간과 에너지를 들이고 있는 것이 무엇인가?
- 특정 작업에 수반되는 잠재적인 어려움이 무엇인가?
- 통상적으로 예측 가능한 작업과 그렇지 않은 작업이 어떤 것인가?
- 당신이 좋아하는 사람들과 관련된 작업이 어떤 것인가?

진행 중 업무의 개수를 제한하라

• 당신이 좋아하고 잘하는 작업은 무엇인가?

퍼스널 칸반을 통해 우리는 특정 유형의 업무에 대한 비용과 가치를 통찰하게 되고, 이를 통해 업무 상황에 대해 보다 깊은 이해를 얻게 되어, 보다 좋은 의사결정을 내릴 수 있게 된다.

또한 작업을 기록하고 추적하며 축적하면서, 달성한 것들에 대해 감사함을 더욱 만끽할 수 있다. 뒤를 돌아보면서 패턴을 볼 수가 있고, 작업을 잘 수행한 것에 대해 성취감을 느낄 수 있으며, 심지어 이 모든 것을 실시간으로 할 수 있다. 어떠한 일을 끝냈을 때 그 일이 적힌 점착식 메모지를 옮김으로써, 계획한 일을 완수한 것에 대해 즉각적인 피드백을 얻게 되는 것이다.

명확성clarity이
칼Carl을 진정시키다

칼Carl이 본 바로 그의 딸 줄리Julie는 영재다. 줄리가 아직 중학생이 긴 하지만, 선생님들도 줄리를 대학에 조기 진학시키기 위해 집중 지도를 시작했다. 까다로운 입학사정관들 앞에서 매력적으로 보일 수 있도록 준비했고, 높은 경쟁률을 뚫을 수 있는 다재다능한 후보가 되기 위해 노력했다. 다행히 줄리는 정상 궤도를 달리고 있었다. 시험 점수는 탄탄하게 좋은 성적을 유지하고 있었고, 지역사회 봉사활동에도 열심히 참여하였다. 학생자치회 활동도 고려하고 있으며, 심지어 대학 캠퍼스 방문도 미리 계획하고 있었다.

얼마 전까지만 해도 줄리의 침실 벽에는 가슴을 두근거리게 하는 아이돌 밴드의 멋진 사진들이 붙어 있었다. 하지만 이제는 멀리 떨어진 도시와 대학에서 날아 온 포스터들로 뒤덮여져 있다.

줄리는 의지에 불탔고, 목표가 명확했다.

한편 칼은 새벽 3시가 넘었음에도 침대에 누워 천장만 말똥말똥 쳐다 보았다. 최근 몇 달 동안 그는 딸의 교육비 마련에 대해 궁리하느라 온 정신이 팔려 있었다. 칼의 두려움은 모호했지만 동시에 위협적이었고, 심지어 불면증까지 초래했다.

칼은 줄리의 메모판에 꽂혀 있던 명언을 떠올렸다.

▶ 꿈은 절대로 그냥 주어지지 않으며, 이를 실현할 힘 역시 마찬가지다. 당신은 그것을 위해 노력해야 한다.   – 리차드 바흐 Richard Bach

꿈을 위해 노력하지. 꿈을 현실로 만들지. 칼은 이 명언대로 문제에 직면하기로 했다. 기적을 기다리는 것은 소용이 없음을 깨달았다. 그는 의지를 불태우며 자리에서 일어나 앉는다. 그는 목표를 명확하게 만들 필요가 있었다.

줄리에게 필요한 것은 원하는 대학에 들어갈 수 있도록 부족한 부분을 채우는 것이고, 칼에게 필요한 것은 지불할 돈을 마련하는 방법을 찾는 것이었다. 다행히 그에게는 아직 시간이 좀 있었다. 이제 첫발을 내딛는 것이다. 그는 뭐라도 해보기로 결심했다. 그런데 목표에 도달하기 위해 무엇을 해야 할까?

너무 앞서 상세하고 완벽한 계획을 세우는 것은 시간도 오래 걸리고 경직되는 일이다. 설사 이렇게 세운 칼의 목표가 시간이 흘러도 잘 유지되고 흔들리지 않는다 치자. 그렇다고 그의 상황과 조건assumption 까지 그대로 유지되지는 않을 것이다. 예를 들어, 그의 수입, 직무, 과외비, 그리고 줄리의 요구 사항들은 분명 변할 것이다. 그에게는 상황의 변화에 맞게 대응할 수 있도록 충분히 유연한 프로세스가 필요하다.

그럼에도 불구하고, 칼은 바로 지금 행동을 해야만 한다. 그는 침실에서 나와 그의 방으로 가서, 퍼스널 칸반에 다음과 같은 목표를 적었다.

4년 뒤, 나는 줄리를 명문대에 보낸다.

그는 뒤로 한발 물러서서 그 목표를 물끄러미 바라보았다. 그리고는 이내 애처로운 한숨을 내쉬며 '그런데 어떻게?'라고 생각했다.

물론 칼은 개인 플래너에 4년간의 모든 일들을 상세하게 계획하지는 않을 것이다. 그렇게 하기에는 변수가 너무 많다. 다만 그에게는 변하지 않는 목적과 목표가 있기에, 앞으로 4년 동안 끊임없이 그것을 향해 나아갈 기회를 계속해서 찾을 것이다. 다시 말해, 상세한 계획이 아니라 이 목적과 목표가 칼을 행동하게 만드는 것이다.

개인적으로나 업무적으로 우리는 자주 '분석의 함정analysis paralysis'에 빠진다. 이는 상황을 지나치게 복잡하게 만들고, 아주 사소한 세부 사항까지 철저하게 계획하는 것이다.

칼은 그보다 즉시 할 수 있는 몇 가지 조치들을 찾아 취해야 했다. 먼저, 점착식 메모지를 집어 들고 줄리의 강점과 관심사를 나열했다. 이러한 것들을 명확히 이해하는 것이 줄리가 도전해 볼 수 있는 최고의 장학금 수혜 기회를 얻는 데 도움이 될 것이라고 칼은 생각했다. 아, 맞다! 칼의 대학 동창 중 한 명이 어느 대학의 장학금 지원 업무를 맡고 있지 않은가? 칼은 그 친구에게 문의할 내용도 점착식 메모지에 메모한다. 또한 자산 관리사에게 문의할 질문들을 점착식 메모지에 적었다.

칼은 그 메모지들을 퍼스널 칸반 보드의 '대기' 칸에 모두 부착했다. 그리고는 자산 관리사에게 문의할 내용이 적힌 메모지를 '진행 중' 칸으로 옮겨 붙이고, 자산 관리사에게 짧은 이메일을 곧바로 보냈다.

칼은 퍼스널 칸반을 쳐다보면서, 목표를 향한 진척이 이루어지고 있다는 것을 즉시 느끼게 되었다. 자신이 효과적으로 움직이고 있으며, 불과 몇 시간 전과 달리 딸의 꿈을 향해 한 발짝 나아갔다는 것을 느꼈다. 칼은 기쁜 마음으로 잠자리에 들었다.

칼은 더 이상 딸의 교육비와 관련한 막연한 걱정 때문에 골머리를 써이며 잠자리에서 뒤척거리지 않았다. 그리고 밤마다 그 모든 문제를 해결하지 못했다고 걱정하지도 않았다. 왜냐하면 모든 문제를 결코 한 번에 해결할 수 없다는 것을 받아들였기 때문이다. 적어도 당분간은 쓸데없는 걱정들로부터 해방되었다. 칼은 계속해서 계획을 세울 수 있고, 변경할 수 있으며, 성취할 수 있게 된 것이다.

칼은 이제 명확해졌다.

'TO-DO LIST':
악마의 씨앗

심하게 말해 TO-DO LIST는 스스로를 체계적으로(?!) 저주에 휩싸이도록 만드는 악의 화신이자 최후의 보루이다. 그것은 우리가 하는 일을 통제하고, 완수하지 못한 일을 일깨워주며, 우리를 가두고 괴롭힌다. 우리 자신을 미흡한 존재라 느끼게 하고, 완수한 일들은 별거 아닌 듯 치부해 버린다. 이 체크박스 악마는 불면증을 유발하며 너무 오랫동안 우리를 위협해 왔다.

그러니까, 이런 것들은 이제 중단되어야 한다.

맥락을 알 수 없는 피상적이고 긴급한 일이 유연성 없이 완고하게 뒤죽박죽 섞여 있는 TO-DO LIST를 보면, 우리의 머리는 과부하가 걸리고 만다. 한 가지 작업을 마치자마자 아무 생각 없이 다음 작업을 시작하게 되며, 일하는 방식도 기계적이고 고루하여 비인간적이 된다. 직시하라! 인간은 비인간적이 되는 것을 절대로 좋아하지 않는다. 우리에게는 맥락이 필요하며, 그것은 TO-DO LIST로만은 알 수가 없다.

업무의 맥락을 모른다는 것은, 의사결정을 견인할 정보가 거의 없는 것과 마찬가지다. 업무의 맥락을 모르기 때문에 여러 가지 대안들을 함께 고려할 수가 없고, 대안들에 대한 통찰력이 부족하다 보니, 보다 나은 성취의 기회들을 인식하는 것이 불가능하게

해야 할 일 100,000,000,000 가지

grow up, go to school, wash dishes, do lau
, fall in love, get heart broken, eat sandwi
ash car, mow lawn, buy computer, back u
ata, find job, lose job, find other job, pac
ggage, eat dessert, see movie, get physic
do the hustle, learn kickboxing, run for co
have children, move to spain, return librar
oks, buy chicken, fix toilet, read books, in
maxion splean, buy furniture, drink juice,
tgage, buy insurance, worry, fret, stew, a
eddings, funerals, birthday parties, go o
acation, get fired, panic, drive to Portlan
ee The Who in concert, clean bedroom, pa
ving room, see doctor, make lists, prese
eynote speeches, pick up prescriptions, c
usan, make perfect tea, review stickies f
get travel inform
ss re
dri
n limit your WIP, alwa
fun, worship your To-Do
lamo, use Outlook, make t
never miss anything, live in f
ake jello, take blame, hurt,
re, become a curmudgeon,
a telex machine, eat an orange.

친구여, 여기에 자네가 해야 할 'TO-DO LIST'가 있다고!

된다. 그러나 퍼스널 칸반은 인간적humanity 이고 우리가 일하는 방식을 존중한다. 퍼스널 칸반을 통해 업무의 우선순위와 작업의 '완료done-ness'를 보는 것뿐 아니라, 완료되는 작업이 향후에 우리가 취할 수 있는 또 다른 대안에 어떠한 영향을 미치는지를 볼 수가 있다.

우리는 또한 퍼스널 칸반을 사용함으로써 '일과 삶의 게임'에서 자신만

의 규칙을 설정하게 된다. 게임에는 항상 룰이 있으며, 맥락과 상황에 따라 행동을 해야 한다. 무엇보다 게임은 목표 지향적goal driven 이며, 그 안에는 주요 목표(승리하는 것)와 여러 가지 보조 목표(승리를 위해 완수해야 하는 단계들)가 들어 있다. 퍼스널 칸반도 마찬가지다. 업무와 관련해 구조가 있고 단순하면서도 보상(성취감)이 있는, 일종의 게임이다. 주요 목표(삶을 효과적으로 사는 것)와 보조 목표(업무 프로젝트를 완수하고 점착식 메모지를 옮기는 것)를 갖는 것도 게임과 유사하다. 삶의 흐름과 맥락을 반영하여 끊임없이 변하는 칸반 보드 위에서, 우리는 삶의 '게임'을 수행하고 이것은 다시 우리의 삶에 영향을 준다. 하지만 'TO-DO LIST 게임'은 다르다. 그것은 가능한 한 빨리 작업을 해치우는 것 이상의 가치를 가져다주지 못한다. 한 행동에서 다른 행동으로 이어지는 흐름이나 설렘, 무엇보다 보상(성취감)이 없다.

게임은 활력을 줘야 하고 계속 진화해야 한다. 우리는 게임을 할 때 앞으로 나아가며 일련의 선택지들을 시도한다. 한편, 상대편은 반대로 움직인다. 이에 따라 어떠한 선택지는 무효화되기도 하고 또 다른 새로운 대안들이 스스로 나타나기도 한다. 궁극적인 목표와 중간 목표를 가진 게임처럼 업무를 시각화할 수 있다면, 이를 통해 업무 자체에 대한 재미와 열정을 가질 수 있다. 나중에 뭔가 즐거운 일을 할 수 있다는 것을 알고 있다면, 이를 위해 어쩔 수 없이 지금 당장 해야만 하는 지루한 일도 견딜 수 있는 법이다. 예를 들어, 토요일 오후에 친구들과 함께 편안한 바비큐 파티를 열기 위해 금요일 퇴근 시간 그 혼잡한 교통지옥을 마다하지 않고 정육점에 가는 것을 높은 우선순위에 놓는 것과 같다. 이렇게 업무의 상황과 맥락을 볼 수 있고 가능한 대안들을 보다 폭넓게 이해할 수 있을 때, 비로소 효과적으

로 업무의 우선순위를 정하고, 열정을 가지고 일하며 목적을 찾을 수 있게
된다.

'퍼스널 칸반' vs. 'TO-DO LIST'	
퍼스널 칸반	TO-DO LIST
자유로움 Liberating	초조함 Anxiety Inducing
변화 적응적 Adaptable	고정적 Static
진행 중 업무의 개수를 제한함 WIP Limits	업무가 과중함 Overwhelming Tasks
주도적 Proactive	수동적 Reactive
진화함 Evolutionary	정체됨 Stagnant
경험적 Experiential	권위적 Authoritarian
협업적 Collaborative	독자적 Autonomous
가치 중심 Meaningful / 장기적 Enduring	긴급도 중심 Fleeting / 단기적 Ephemeral
대안이 많음 Options-based / 상충관계의 장점을 활용 Highlights Trade-offs	다른 대안이 없음 Single Points of Failure
몸소 실행하며 개선함 Kinesthetic	설교적 Didactic
완결 Finish & 기억 Remember	확인 Check Off & 망각 Forget
목표의 수정 Goal Refinement	고정된 목표 No Goal Refinement
상황에 맞춰 변하는 우선순위 Prioritization On-the-fly	고정적 Static / 금세 잘 맞지 않게 됨 Brittle
지속적인 개선 Continuous Improvement	끊임없는 업무 Continuous Work
효과성 Effectiveness	생산성 Productivity
맥락적, 상황에 따름 Contextual	맥락 및 상황과 분리됨 Detached
명확성에 최적화됨 Optimized for Clarity	범주화에 최적화됨 Optimized for Cataloging
서사적 Narrative	나열식 Inventory
병목을 인지함 Bottleneck Aware	병목을 무시함 Bottleneck Ignorant
흐름 중심 Flow Focused	작업 중심 Task Focused
실행 가능함 Actionable	엄두가 나지 않음 Overwhelming
유연함 Flexible	규범적 Prescriptive
당김 방식 Pull	밀어내기 방식 Push

자기 주도적으로 학습하기 Learning vs. 반응하기 Reacting	
퍼스널 칸반	TO-DO LIST
자유로움 Liberating	초조함 Anxiety Inducing
주도적 Proactive	수동적 Reactive
지속적 Enduring	단기적 Ephemeral
몸소 실행하며 개선함 Kinesthetic	설교적 Didactic
흐름 중심 Flow Focused	작업 중심 Task Focused
맥락적, 상황에 따름 Contextual	맥락 및 상황과 분리됨 Detached
명확성에 최적화됨 Optimized for Clarity	범주화에 최적화됨 Optimized for Cataloging
서사적 Narrative	나열식 Inventory
병목을 인지함 Bottleneck Aware	병목을 무시함 Bottleneck Ignorant
당김 방식 Pull	밀어내기 방식 Push

▶ 들은 것은 잊어버리고(聽卽振), 본 것은 기억하고(視卽記), 직접 해 본 것은 이해한다(爲卽覺).　　　　　　　　　　　　　　　　　　－ 공자(孔子)

　　가장 자연스럽고 효과적인 학습은 실행을 통한 것이다. 일을 시작하고 수행하고 완료하는 과정을 물리적으로 다루게 되면, 단순히 경험을 얻게 되는 것을 넘어, 보다 성공적인 대안option 을 선택하는 요령과 가치도 배울 수 있다. 다시 말해서, 업무를 눈으로 보고 그 영향력을 인지하게 되고 완결된 것을 상기하는 과정을 통하여 미래를 위한 의사결정을 내릴 수 있는 필수적인 바탕을 마련하게 되는 것이다.

　　하지만 TO-DO LIST는 맥락 정보가 없는 단순한 작업 목록만을 제공하며, 우리를 수동적으로 만든다. 결국 우리가 일에 관여하는 경우는 단지 일이 시작될 때와 그 일이 완수되는 것에 있어 무언가가 대단히 심각해졌을 때뿐이다. 우리가 TO-DO LIST를 숙지하고 '가장 긴급한 일이 무엇일까?'를 스스로에게 물어본다 해도, 그것은 우선순위를 부여하는 것이 아니라 반응하는 것일 뿐이며, 자기충족적 예언self-fulfilling prophesy 일 뿐이다. 반응하면 할수록 더 많이 반응하게 될 것이다.

반면, 퍼스널 칸반은 우리의 업무를 서사적 이야기로 전환하여 맥락과 흐름을 제공하고, 이를 기반으로 의사결정 포인트를 만들어 낸다. 다시 말해서, 퍼스널 칸반은 긴급 업무 목록이 아닌 일련의 인과관계를 보여주는 것이다. 또한 점착식 메모지를 움직이고, 가치 흐름value stream 을 면밀히 살피며, 정기적으로 회고하는retrospectives 과정을 통해 지속가능한 체계가 만들어진다. 이러한 체계는 우리가 즐기는 작업이 무엇인지, 논란을 불러일으키는 작업이 무엇인지, 또 병목이 발생되는 이유가 무엇인지 같은 반복적인 패턴과 인과관계를 감지해 낼 수 있도록 우리의 뇌를 훈련시킨다. 그리고 이러한 유형의 관찰을 통해, 미래의 가치를 보다 높일 수 있는 능동적인 의사결정을 하게 된다.

창조하기 Creating **vs.** 생산하기 Producing	
퍼스널 칸반	**TO-DO LIST**
실행 가능함 Actionable	**엄두가 나지 않음** Overwhelming
협업적 Collaborative	**독자적** Autonomous
대안이 많음 Options-based	**다른 대안이 없음** Single Points of Failure
유연함 Flexible	**규범적** Prescriptive
효과성 Effectiveness	**생산성** Productivity
당김 방식 Pull	**밀어내기 방식** Push

TO-DO LIST는 생산성productivity 을 기반으로 품질 측정을 정량적으

로 할 수 있는 정형화된 업무 환경에서만 그 진가를 발휘한다. TO-DO LIST를 가지고 있으면, '왜' 혹은 '어떻게' 작업이 수행되는지에 대해 의문을 갖지 않으며, 카이젠kaizen (改善/지속적인 개선)을 꾀하지도 않는다. 단지 해야 할 일을 받은 순서대로 완수할 뿐이다.

반면, 퍼스널 칸반은 효과성effectiveness을 기반으로 품질을 측정하는, 즉 적절한 시기right time에 적절한 업무right work를 하는 것이 중요한, 창의적이고 협력적인 업무 환경에서 진가를 발휘한다. 업무의 방법은 결코 고정적이지 않으며, 끊임없이 더 효과적으로 일할 수 있는 방법을 찾아야 한다(카이젠). 이를 위해 업무를 시각화하여 투명성transparency을 제공하면, 팀 구성원들은 동료들이 무엇을 하고 있는지를 알 수 있으며, 나아가 협업의 기회도 발견하게 된다. 팀은 서로의 시간과 재능을 활용함으로써 개인과 집단의 지식을 넓힐 수 있고, 궁극적으로는 개인과 집단의 대안들과 선택권을 확장시킬 수 있다.

진화 Evolution **vs.** 정체 Stagnation	
퍼스널 칸반	**TO-DO LIST**
변화 적응적 Adaptable	**고정적** Static
경험적 Experiential	**권위적** Authoritarian
지속적인 개선 Continuous Improvement	**끊임없는 업무** Continuous Work
당김 방식 Pull	**밀어내기 방식** Push

학습한 것을 현실에서 제대로 활용하기 위해서는 변화하는 주변 상황과 이에 대한 이해의 속도에 맞춰 배운 것을 변형하여 실천하는 것이 중요하다. 그러나 TO-DO LIST는 상황이 고정적일 것이라고 가정한다. 또한

왜 일하고 있는지, 어떻게 일하고 있는지, 그리고 어떠한 대안들이 가능한 지를 이해할 수 없다. 그러하기에 어떻게 하면 우리의 노력이 더 큰 목적에 닿게 할지를 고민할 수 없으며, 그냥 단순히 일을 위한 일만 하게 되는 것이다.

반면, 퍼스널 칸반은 적응적adaptable 체계를 만들며, 이 체계 속에서 카이젠(지속적 개선)은 습관이 된다. 그러면 경험에 기초하여 가치 흐름value stream 을 수정하거나 혹은 완전히 새로운 퍼스널 칸반 설계 패턴을 만들 수도 있다. 단순히 작업을 완수하는 것이 목표인 TO-DO LIST와 달리, 퍼스널 칸반의 목표는 현재의 업무와 미래의 대안들을 시각화하고, 그 대안들의 변화에 따라 우리의 일하는 방식도 변화시키는 것이다.

퍼스널 칸반 Tips

❶ 시간 time 과 수용량 capacity 이 아닌, 흐름 flow 과 쓰루풋 throughput 으로 업무를 관리하자.

❷ 교통이 그러하듯, 업무도 담아 두는 fit 것이 아니라 흐르는 flow 것이다.

❸ 수용량은 공간적 개념이고, 쓰루풋은 흐름의 개념이다.

❹ 진행 중 업무의 개수 제한값은 상황에 따라 바꿀 수 있다.

❺ 사전 계획을 철저히 세우는 것보다는, 당장 수행할 수 있는 중요한 업무들부터 우선순위를 정하여 조금씩 완수해 나가는 것이 더 낫다.

❻ 우리가 취할 수 있는 대안과 선택지를 폭넓게 이해하는 것이 곧 자유와 해방이다.

CHAPTER 04

흐름 관리:
자연의 모든 것은
흐른다

▶ 초보 조종사처럼 모든 깃을 '과잉 통제over-control'하려 들지 말라. 흐름의 속박으로부터 한 걸음 물러나 충분히 여유를 가져야 흐름을 관찰하고 수정하고 개선할 수 있다. – 도날드 럼스펠드Donald Rumsfeld

흐름flow:
업무의 자연스러운 움직임

- 흐름flow : 업무의 자연스러운 처리 과정 – '일의 진행'
- 케이던스cadence : 규칙적이고 예측 가능한 업무 요소의 주기 – '일의 리듬'
- 슬랙slack : 업무의 흐름을 원활하게 만드는, 업무와 업무 사이에 존재하는 여백 – '일의 쉼표'

『현대물리학과 동양사상The Tao of Physics 』, 『몰입 Flow 』, 『괴짜 경제학Freakonomics 』, 『상식 밖의 경제학Predictably Irrational 』, 『대중의 지혜The Wisdom of Crowds 』, 이러한 책들은 혼돈과 질서 사이에서 세상이 어떻게 넘실대고 있는지를 잘 설명해주는 책들이다. 앞에서 인용한 럼스펠드 전 국방부 장관의 말과 마찬가지로, 이 책들은 특정 사건만을 따로 떼어 별개로 관찰하는 것보다 일련의 흐름을 관찰하는 것이 더 유의미하다고 이야기한다. 바로 이러한 '흐름'이 '맥락'을 이해할 수 있도록 도와주며, 그 맥락이 '명확성'을 이끄는 것이다.

물리학이든 경제학이든 혹은 개인적인 삶이든, 혼란은 깊이 파고 팔수록 가중되기만 한다. 이 책에서는 이러한 혼란을 '변동성 variation'이라 칭하겠다. 만약 그 혼돈의 소용돌이에 빠져 있고 그것만이 눈앞에 보이는 것의 전부라면, 당신은 그 혼돈에 휘둘릴 수밖에 없다. 그러나 여러 번 반복되고 누적되어 그 합을 전체적으로 바라볼 수만 있다면, 혼란도 어느 정도 예측이 가능해진다. 예를 들어, 100년에 한 번 홍수가 나는 평야를 생각해 보라. 그 한 번의 홍수는 언제든지 날 수 있는 것이지만, 전체적으로 놓고 본다면 홍수가 올해 발생할 확률은 100분의 1밖에 안 된다. 예측 가능성을 높이는 방법은 많이 있지만, 이것이 비로 삶을 통해 축적할 수 있는 예측 가능성의 한 가지 형태이다.

업무도 독립적인 개별 사건들의 단순한 집합으로 봐서는 안 된다. 그렇게만 보면 업무들은 고정적이고 static 고유하며 unique 서로 관계가 없는 것처럼 보일 수밖에 없다. 그러나 사실은 이렇게 독립적으로 보이는 사건들이 서로 연결되고 결합하여 우리 삶의 이야기를 만드는 것이다.

몇 년 전 어느 컨퍼런스의 연사로 나선 일이 있다. 사전에 이력을 작성하여 제출해야 했는데, 이 작업은 정말이지 너무 하기 싫은 작업이었다. 나의 이력이 너무 맥락 없이 다양하여, 혹여 컨퍼런스에 적합하지 않을까 걱정이 되었던 것이다. 적어도 나에게는 확실히 그렇게 느껴졌다. 그래서 동료와 함께 커피를 마시며 이것에 대해 불평을 늘어놓았는데, 그 동료는 내가 혼란스럽게 생각하고 있는 것이 무엇인지 좀 자세히 설명해 달라고 요청했다. 나의 대답은 대충 다음과 같았다.

"글쎄, 나는 한동안 심리학을 공부했었고 그걸 정말 좋아했지만, 심리학자가 되고 싶지는 않았어. 그래서 도시계획으로 방향을 틀었는데, 내 생각으로는 도시들이 어떻게 건설되고 그 안에서 사람들이 어떻게 살고 일하며, 그들의 삶을 어떻게 항해해 나가는지 관심이 있었던 것 같아. 그래서 도시계획가가 되어 10년 정도 도시 발전 계획과 관련된 일을 했지. 철도 교통 시스템을 구축했고, 도심 보행 환경walkable neighborhoods 을 조성하는 업무를 수행하면서 말이야. 그다음에는 기술 계획 및 소프트웨어 개발 분야로 넘어가서, 정부 기관들과 함께 일했어. 내외부 기관들이나 시민들과 협력하는 데 도움을 주는 시스템을 주로 개발했지. 그때 그 일을 하면서 애자일 소프트웨어 개발 방법론, 린lean, 소셜 미디어 등에 관심을 갖게 되었고, 이 세 영역 모두에서 프로젝트를 하기 시작했어. 아마도 그 과정에서 어떻게 팀을 형성하고 함께 일하는 방식을 만들어 나가는 것이 좋은지, 어떻게 하면 사람들이 자발적으로 행동할 수 있도록 동기를 부여할 수 있는지, 그리고 이러한 모든 것들이 개인에게는 어떠한 의미를 갖는지에 대해 진지하게 생각하게 되었던 거 같아."

그러자 명확해졌다. 나의 다양한 이력들의 저변에는 사실상 근원적이고 일관적인 기조가 있었던 것이다. 물론 계획적으로 준비해 왔던 것은 아니지만, 나는 어떤 식으로든 '공동체community'를 형성하는 일을 해왔던 것이다.

그렇다. 내 이력의 '흐름'의 일관된 주제는 바로 '공동체'였다.

이 책의 공동 저자이자 동료인 토니안Tonianne은 "코가 너무 캔버스에 가깝게 닿아있다."고 말하기를 좋아하는데, 내가 바로 그랬다. 너무 세세한 부분에만 집중하다 보니 큰 그림이 보이지 않았던 것이다. 한 발짝 물러서서 여유를 갖고 바라보고 나서야, 비로소 내 경력에 대해 온전히 고맙게 생각할 수 있게 되었다.

도날드 럼스펠드와 토니안이 전해준 지혜는 동일하다. '한 발짝 물러서서, 집중하던 것을 잠시 내려놓고, 관찰하라.' 그런데 퍼스널 칸반이 바로 그렇게 만들어 준다. 업무의 맥락을 관찰할 수 있는 메커니즘을 제공해 줌으로써, 우리가 명확성을 가지고 정보에 기반한 의사결정과 계획을 세울 수 있도록 도와주는 것이다.

케이던스cadence :
업무의 리듬

자동차 공장에 가 보면, 차량 섀시chassis 가 조립 라인을 따라 일정한 속도로 이동한다. 그것이 규칙적으로 정지하면서 엔진이 설치되고, 대시보드가 장착되며, 운전대가 조립된다. 이와 같이 단계별로 넘어가는 과정이 자동차가 완성될 때까지 계속된다. 제조업에서는 그 결과가 바로 나타나기에 이러한 규칙적인 케이던스cadence 를 쉽게 감지할 수 있다. 사실 케이던스는 음악 용어이다(악구나 악절, 또는 악곡 전체와 같이 크고 작은 음악적 단위의 끝맺음을 표시하는 것 - 옮긴이). 그런데 워너 브러더스Warner Brothers 가 어느 만화에서 조립 라인을 묘사하며 레이먼드 스콧Raymond Scott 의 '파워하우스Powerhouse '라는 기악곡을 배경음악으로 사용했었다. 이 음악은 일련의 반복되는 악절riff 을 특징으로 하고 있고, 이 악절의 종지 부분을 표시하는 케이던스가 만화의 조립 라인 장면과 연결되어, 이 용어는 곧 제조 분야에서

'(규칙적으로 반복되는) 업무의 리듬'이라는 의미로 사용하게 되었다.

물론 업무의 케이던스를 탐지하고 활용하는 것이 꼭 제조 환경에만 국한되는 건 아니다. 메트로놈의 똑딱 소리가 어떻게 음악가들의 일관된 속도를 돕는지, 또는 조정 경기 타수coxswain 의 스트로크 미터기stroke meter 가 선수들의 노 젓기를 어떻게 동기화할 수 있는지를 생각해 보라. 업무의 흐름에서 케이던스를 인식하는 것은 업무의 타이밍을 조정하고 프로세스를 효율화하는 데 도움을 준다. 또한 이를 통해 상대적으로 불규칙한 것들이 도드라지게 되는데, 이는 그런 것들이 야기되는 원인들도 좀 더 분명하게 밝혀 준다.

한편, 개인 차원의 일도 비록 기계적이지는 않으나 케이던스를 갖는다. 작업들이 가치 흐름을 따라 이동하는 것을 시각화하면, 업무 흐름의 저변에 깔려 있는 '리듬'이 감지되기 시작한다. 그러면 그 리듬에 맞추어 조화롭게 업무들을 운영할 수 있다. 이러한 케이던스는 신뢰할 수 있고 안심할 수 있기에 그 자체만으로도 보상이 된다. 또한 이 리듬은 미세한 조정이 가능한 패턴이기에, 이를 통해 병목이나 중단과 같은 문제를 찾아내 고칠 수 있다. 더하여, 전체적인 속도와 완급을 조정할 수도 있고, 궁극적으로는 업무의 완료 시간을 예측할 수도 있다.

물론 다른 점도 있다. 산업에서의 케이던스는 분 단위의 숫자와 품질로 정량화되어 보다 체계적이고 엄격하게 관리되는 반면, 개인 차원에서의 케이던스는 상대적으로 어수선하고 중첩되어, 즉흥적인 것처럼 여겨질 수 있다.

슬랙slack : 음표가
너무 많아지는 것을 피하기

▶ 국왕 요제프Joseph 2세: 너의 작품은 기발하다. 정말 훌륭한 작품이야.

헌데 음표가 너무 많아. 몇 개만 잘라낸다면

정말 완벽할거야.

모차르트Mozart : 어떤 것을 잘라낼까요, 국왕 폐하?

– 밀로스 포만Milos forman 감독의 영화 '아마데우스Amadeus ' 中

앞 장에서 말한 고속도로의 예를 다시 생각해 보자. 무엇이 교통의 '흐름'을 만들었을까? 차량들일까, 아니면 차량 사이의 공간일까? 차가 하나도 없다면 그 어떤 것도 흐르지 않을 것이다. 반면, 차량 사이의 공간이 전혀 없어도 차량들은 움직이지 않는다. 결국, 차량들과 빈 공간 모두가 교통의 흐름을 만든다.

이러한 빈 공간을 '슬랙slack'이라 부른다. 교통뿐 아니라 업무 흐름에서도 이러한 슬랙이 필요한데, 이것이 바로 조정을 위한 공간이다. 만약 슬랙이 없다면 우리는 과부하에 걸릴 것이다. 너무 많은 음표에 과부하가 걸린 국왕 요제프처럼 말이다.

'오늘 할 일' 칸에 너무 많은 점착식 메모지를 당겨 오면, 그날 그 모든 작업을 완료해야 한다는 강박감을 갖게 된다. 이러한 과부하는 결국 캘린더에 다닥다닥 붙어 있는 회의 일정과 같이 작업들을 해치우는 데 급급하게 만들어 업무에 유연하게 대처할 수 있는 여지를 없애버린다. 이는 또한 새로운 작업을 당겨 오는 능력을 떨어뜨리고 업무 흐름을 방해하며, 업무의 케이던스에도 영향을 준다.

실전에서의 당김, 흐름,
케이던스 그리고 슬랙

식민지 이전 시대에는 맷돌을 돌리는 것을 제외하고는 밀가루 생산과 관련된 모든 작업이 수작업으로 이루어졌다. 원재료(밀)는 방앗간 주인의 등에 실려 계단 위를 여러 번 비행하며 옮겨진 뒤, 삽으로 떠져 투입구로 들어간다. 단계별 과정은 시간이 많이 소요되고 노동 집약적이며, 불순물을 분리하거나 채를 걸러낼 수단이 없어 종종 품질이 나쁜 밀가루가 생산되기도 했다.

18세기에 들어 올리버 에반스Oliver Evans 는 제분기를 발명함으로써 생산 공정을 효율화하여 제분 산업에 일대 변혁을 가져왔다. 그는 물과 중력 에너지(수력)를 이용한 지속적이고도 효율적인 시스템을 만들어, 높은 품질의 밀가루를 생산해 내었다. 이에 조지 워싱턴George Washington 과 토마스 제퍼슨Thomas Jefferson 도 찬사를 보냈다. 그는 방앗간에 동력을 공급하기 위해 수로를 파고 개울에 보(洑)를 만들어, 아래 사진처럼 물이 물레방아 위로 흐르게 하였다. 또한 일련의 승강기와 하강기, 컨베이어 벨트를 갖추어, 곡물을 건물 꼭대기까지 끌어 올린 후 회전하는 맷돌 안으로 떨어뜨렸다.

떨어진 곡물은 맷돌 사이의 간극을 채우게 되며, 그러면 맷돌이 돌면서 가루로 빻아지는 것이다. 그런데 만약 맷돌 사이의 간극이 곡물로 너무 꽉 찬다면 어떻게 될까? 맷돌은 이내 빡빡해지고, 'grind to a halt'라는 영어 관용 표현처럼 '서서히 멈추게' 될 것이다. 이처럼 너무 많은 곡물로 인해 맷돌이 움직이지 않게 되었다는 것은 마치 정체된 고속도로와 같으며, 이 또한 적절한 쓰루풋의 지점이 있다는 것을 의미한다. 숙련된 사람들은 이를 방지하기 위해 맷돌에 유입되는 곡물의 양을 면밀히 관찰하였다. 물레방아는 일정한 속도로 회전하며 곡물을 일정한 속도로 떨어뜨린다. 맷돌로 곡물이 투입되는 것 역시 일정한 속도로 진행된다.

따라서 방앗간 운용의 묘(妙)는 맷돌의 속도에 비례하여 곡물의 양과 흐름을 조정하는 것이다. 이것은 방앗간 지기의 신중한 판단에 달려 있다. 그리고 바로 이것이 곡물을 '대기' 상태에서 '진행 중' 상태로 끌어오는 일의 '흐름'을 결정한다.

그렇다. 방앗간 지기가 한 것이 바로 WIP를 제한하고, 슬랙을 최적화한 것이다.

올즈R. E. Olds 와 헨리 포드Henry Ford 에 의해 본격적인 대량 생산 체제 시대로 전환되기 오래 전, 이미 올리버 에반스는 완전히 자동화된 제분소를 통해 조립 라인 공정에 일대 혁명을 일으켰다. 그리고 그 시작 단계에서부터 '지속적인 흐름continuous flow'과 '진행 중 업무의 개수 제한'은 중요시되었다. 제분소의 각 층에서 서로 다른 기능을 수행하면서도, 전체적으로 통제된 가운데 연속적이며 일정한 속도로 밀가루를 생산해 냈다.

올즈와 포드는 이 개념을 채택하여, 생산 공정을 각각의 기능을 담당하는 일련의 작업대station 들로 나누고, 한 작업대에서 다음 작업대로 제품을 이동시키는 방식으로 자동차 조립 라인을 구축하였다. 결과적으로 시스템의 생산성이 치솟았다. 하지만 반대급부로 단점도 발생하였다. 당시 디트로이트Detroit 에 집중적으로 건설되었던 자동차 공장들이 가치(효과성)보다 생산(생산성)에만 초점을 맞춤으로써 인간성을 상실하게 된 것이다. 생산이 사람보다 중요해졌고, 그리하여 혁신은 어려움을 겪게 되었다.

한편 일본 도요타Toyota의 오노 다이이치Taiichi Ohno는 생산성과 효과성의 단절 원인을 찾기 위해, 생산 시스템의 핵심인 조립 라인 근로자의 사회 시스템social system까지 추적 연구하였다. 그리고 오노는 이 문제가 꼭 조립 라인에서의 반복적이고 지루한 업무 때문만은 아니라는 것을 깨달았다. 그보다는 근로자들이 자신의 개별 업무를, 팀 나아가 회사 전체와 어떻게 연관 짓느냐에 달려 있었다. 밀어내기 방식 기반의 시스템push-based system에서는 제품이 규칙적으로 조립 라인을 따라 이동하며 업무가 너무 엄격하게 통제되기 때문에, 근로자들은 주어진 임무에만 집중할 수밖에 없었다. 오노는 라인 근로자의 관심을 단순히 질 좋은 부품에서 벗어나 질 좋은 자동차로 넓히고 싶었다. 그러려면 근로자들 스스로가 업무의 의사결정을 내릴 수 있어야 하고, 자신의 작업대 밖에서 일어나는 문제에 대해서도 책임감accountability을 가질 수 있도록 권한을 이양받는 것이 필요했다.

높은 품질로 명성이 자자한 일본의 전후post-war 산업은 사실 에드워즈 데밍W. Edwards Deming의 경영 이론에 크게 힘입은 바 있다. 조립 라인 근로자의 명확성clarity을 높임으로써 품질을 높이려는 오노의 노력으로 "지속적으로 영원히 개선하자Improve constantly and forever"는 데밍의 구호가 실현된 것이다. 데밍은 오노에게 불필요한 관리 감독 없이도 정보에 기반하여 중요한 의사결정을 스스로 내릴 수 있는 인력을 양성할 수 있도록 영감을 주었다. 일례로, 이러한 새로운 '린Lean' 인력들은 '조립 라인을 중단'할 수 있는 권한을 갖게 됐다. 다시 말해서, 라인 근로자들이 중대한 오류를 발견하면 그들은 생산을 즉각 중단하고 그 문제를 해결하기 위해 즉시 팀을 소집할 수 있었다.

이렇게 정보에 대한 접근성을 높이고 프로세스를 개선할 수 있도록 권한을 위임하였더니, 생산성과 효율성 그리고 직무 만족도까지 현저하게 증가되었다. 도요타는 역사적으로 저평가 받아온 생산 라인 근로자들을 존중함으로써, 결과적으로 상당한 이익을 얻을 수 있게 된 것이다.

그런 오노의 성공 뒤에는 바로 칸반이 있었다. 물론 도요타의 '조직 칸반organizational Kanban'의 외형은 퍼스널 칸반과 별로 닮지는 않았지만, 근본적인 특징은 동일하다. 즉, 업무를 시각화하고, 흐름을 추적하며, 라인 근로자들이 준비가 되었을 때 다음 일을 당겨서 진행하는 것이다. 이것은 개선이 필요한 부분을 부각시켜 준다. 바로 이러한 요소들이 도요타가 '안정성stability'과 '지속가능성sustainability'을 달성하도록 도왔다.

대부분의 경영 관리 시스템은 회사를 안정화하면서도(해야 할 과업들을 관리하고, 장부상의 수익 균형을 유지), 지속가능성을 높이기 위한(회사를 경쟁력 있고 혁신적이며 새로운 수익이 창출되도록 발전) 양방향적 목표를 추구한다. 마찬가지로 퍼스널 칸반은 해야 할 업무들을 관리하면서도, 새로운 업무를 수행할 수 있는 상태인지를 이해하여 보다 효율적이고 효과적으로 일을 당겨올 수 있도록 돕는다. 이로써 혁신과 더불어 안정성과 지속가능성을 함께 달성할 수 있게 해준다.

여기서 핵심은 당김pull의 개념이다. 당김 방식은 안정성과 지속가능성을 위한 필수 요소이다. 행동을 강요하는 메커니즘에 더 많이 의존하는 시스템일수록 지속가능성은 더 낮아진다. 밀어내기 push 방식의 시스템은 정상적인 흐름은커녕 최대 수용량조차 무시하기 때문에 병목 현상을 일으킨다. 작업자가 처리할 능력이 있든 없든, 업무가 무조건 하달되는 것이다. 그러다 보니, 밀어내기 방식의 시스템에서는 수용량 문제가 사후에 발견된다. 이것은 일이 쌓이기 시작하고 커짐에 따라 금세 비상 상황으로 치달을 수 있다. 앞서 세운 계획만을 생각하고 추가적인 일들은 고려하지 않기 때문에, 밀어내기 방식의 시스템은 초과 근무, 긴급 채용, 지연과 같이 추가 비용이 많이 들고 뒤처지는 대응을 통해서만 대처할 수 있다.

반면, 당김 방식의 시스템은 흐름에 따라 작동한다. 사람들은 할 수 있는 상황이 되었을 때만 업무를 받기 때문에, 이전 작업이 완료된 후에야 새로운 작업이 당겨지고 실제의 완료율이 명시된다. 당김 시스템에서 관리사들은 그들의 현 시스템이 처리할 수 있는 능력치를 알고 있으며, 비상 상황이 발생하기 전에 이를 예측할 수 있는 보다 나은 기회들을 갖는다. 만약 3개월 후에 활동의 급격한 변화기 예상된다면, 당김 시스템은 추기 비용이 많이 들고 반응적이고 수동적인 사후 해결책이 아닌 방식으로 그것을 미리 대비할 수 있다.

서빙 소년의 교훈:
당김의 본질

나는 열네 살 때 '빌리지 인 팬케이크 하우스The Village Inn Pancake House'
라는 식당에서 첫 직업을 얻었다. 손님들이 식사를 마치고 나면, 반쯤 먹다
남은 팬케이크와 빈 콜라 잔, 그리고 담배꽁초를 치우는 일을 하며 최저임
금을 받았다. 퍼스널 칸반에 두 가지 기본 규칙이 있는 것처럼 나의 뒷정리
업무에도 두 가지 기본 규칙이 있었다. 첫 번째 규칙은 고객들과 대화하지
않는 것이며, 두 번째 규칙은 서빙 카트는 절대로 밀지 않고 당겨 끄는 것
이다.

어느 날 늦은 오후, 교대 시간이 다가오고 있어 신이 난 내 동료는 규칙
을 어기고 카트를 밀고 있었다. 심지어 속도도 빨랐다. 결국 홀과 주방 사

이에 있던 작은 문턱에 앞바퀴가 걸리면서 카트가 앞으로 확 쏠렸다. 그 충돌 소리는 귀청 터질 듯이 컸고, 시럽이 묻은 접시와 더러운 집기류, 반쯤 차 있는 커피잔에서 쏟아진 액체가 공중으로 붕 떠올랐다가 바닥에 쏟아졌다. 순간 모든 것이 아수라장이 되었다. 아기 울음소리와 시끄러운 십대들의 웃음소리에 둘러싸여 불안하게 서 있던 그의 망연자실한 표정을 결코 잊지 못할 것이다.

손님들도 놀라 말을 잇지 못했다.

요리사들은 "당기라고 했잖아! 서빙 카트를 절대로 밀지 말라고!" 하고 꾸짖었다.

매니저는 조용히 지시했다. "집에 가라. 그리고 다시는 돌아오지 마."

그날 그 아르바이트생이 배운 것은 밀고 당기는 것의 차이였다. 밀어내기 방식은 맹목적 행동인 경향이 있다. 작업자는 앞에 놓인 상황들을 거의 알지 못한다. 의도한 바대로 되든 안 되든 그는 처음 생각한 대로 비이성적으로 밀고 나가는 것이다. 그 문턱은 제약 상황이었다. 카트가 맹목적으로 제약 상황을 향해 돌진하자, 움직임이 갑자기 중단되었고 생산이 파괴되었다.

반대로, 당김은 이성적인 행동이다. 작업자는 앞에 놓인 상황을 잘 알고 있으며 대처할 수 있는 공간의 양을 가늠할 수 있다. 여유 있게 대처하는 것을 넘어 좀 더 세밀하게 의도를 담아볼 수도 있다. 즉, 일을 이끄는 주체가 되어 명확성과 통제력을 가지고 정보에 기반한 의사결정을 할 수 있는 것이다. 실직한 그 동료가 카트를 밀지 않고 끌고 갔다면, 그 문턱을 보고 속도를 늦춰야 하는 것을 알았을 것이고(여유 있는 대처), 조심스럽게 카트 바퀴가 그 턱을 넘어갈 수 있도록 충분히 시간을 할애했을 것이다(정보 기반의 새로운 의사결정). 이러한 메타인지가 있었다면 카트는 쉽게 제약 상황들을 감당했을 것이다.

'할 일 목록(백로그)'으로부터 작업을 골라 '대기' 칸을 거쳐 '진행 중' 칸으로 당겨올 때, 당신은 WIP에 있는 여유 공간을 기반으로 의식적인 선택을 하는 것이다. 업무 흐름에 거슬리지 않고, 수용할 수 있는 만큼 작업을 선택한다. 물론 이러한 당김 방식이 당신을 전지전능한 사람으로 만들지는 못하겠지만, 현존하는 제약과 잠재적인 기회비용을 더 잘 볼 수 있게는 해줄 것이다. 이로써 서빙 카트가 뒤집힐 가능성은 훨씬 줄어들게 된다.

대부분의 사람들은 자신의 일이 다른 사람들에 의해 강요된다는 것을 잘 알고 있다. 그러나 이러한 요구와 의무가 그들에게 과중한 부담을 줄 때에도, 그들은 좀처럼 이를 거부할 기회를 갖지 못한다. 관리자들은 항상 그들이 '일을 맡아주기step up to the plate'를 기대하고 있다. 근로자들이 뒤로 물러나고 싶어도, 그들은 한계에 도달했다는 것을 보여줄 수 있는 지표들을 적시할 권한이 없기 때문에 스스로를 정당화하기도 힘들다. 이런 상황에서는 중재자, 즉 중립적인 제3자가 필요하다. 중재자를 통해 자신들의 과부하 상황을 말하고, 밀어닥치는 업무를 중지하게 해야 한다. 만약 이러한 중재자가 없다면, 그들은 투덜대는 사람 혹은 그보다 더 나쁘게는 '팀 플레

이어 team player 가 아닌 이기주의자'라고 낙인찍힐 수도 있다.[16]

　직원들은 통상적으로, 자신의 능력을 뛰어넘지 않는다는 이유로 저성과자로 분류되고, 심지어는 해고된다. 관리자가 직원들의 업무량을 거의 파악하지 못할 때, 그들은 직원들을 무한한 양의 업무를 처리할 수 있는, 제약이 없는 자원으로 취급한다. 그러나 사람은 무궁무진한 자원이 아니다. 그들은 제한된 처리량을 가지고 있으며 올리버 에반스의 제분소처럼 그들 또한 과부하가 걸리면 멈추게 될 것이다.

　퍼스널 칸반은 상황을 명백하고 투명하게 해준다. 업무 과부하 상황을 물리적인 형태로 가시화하여, "보세요! 이게 나의 현실입니다"라고 말할 수 있게 해준다. "나도 물론 당신을 위해 더 많은 일을 하고 싶지만, 지금 내가 하고 있는 일이 너무 많은데 어떻게 더 이상 일을 맡을 수 있을까요?"라고 말할 수 있는 것이다. 당신의 현실이 어떠한가를 명확히 인식하고 당신이 수행할 수 있는 만큼 업무를 받아들이는 것이 바로 당김의 본질이다.

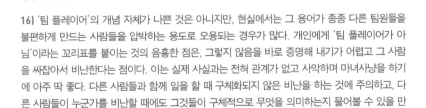

---

16) '팀 플레이어'의 개념 자체가 나쁜 것은 아니지만, 현실에서는 그 용어가 종종 다른 팀원들을 불편하게 만드는 사람들을 압박하는 용도로 오용되는 경우가 많다. 개인에게 '팀 플레이어가 아님'이라는 꼬리표를 붙이는 것의 음흉한 점은, 그렇지 않음을 바로 증명해 내기가 어렵고 그 사람을 싸잡아서 비난한다는 점이다. 이는 실제 사실과는 전혀 관계가 없고 사악하며 마녀사냥을 하기에 아주 딱 좋다. 다른 사람들과 함께 일을 할 때 구체화되지 않은 비난을 하는 것에 주의하고, 다른 사람들이 누군가를 비난할 때에도 그것들이 구체적으로 무엇을 의미하는지 물어볼 수 있을 만큼 용감해져야 한다.

현실성 점검 Reality Check

▶ 실제 reality 란, 그것을 믿지 않아도 사라지지 않는 것이다.

‒ 필립 K. 딕 Philip K. Dick

현실을 수용하고, 항상 유연하게 대처하자.

세상은 매우 가변적이다. 현실에서는 자연재해도 있고, 예측하지 못한 사건도 발생한다. 우리가 우리 자신의 조건에 맞게 업무를 당겨와 수행하려 해도, 이런 외부의 사건과 다른 사람들의 의지가 그 수행력을 방해할 수도 있다. 그럼에도 불구하고, 아무리 벅차 보이는 작업도 그 부하를 명시적이고 현실적으로 시각화하면, 이를 다루기는 훨씬 쉬워진다.

적절한 시기에 적절한 업무를 수행하려면, 업무들을 상황에 맞게 최적화하고 항상 적응할 수 있도록 adaptable 준비해야 한다. 만약 생산성이 중요하다고 요구되는 상황이라면, 생산성에 맞춰 최적화하자. 효율성이나 효과성이 요구된다면, 또 그에 따라 최적화하면 된다.

당김 방식으로 일을 수행할 수 없는 상황이라면, 꼭 그럴 수밖에 없는 업무들은 일단 할당 be pushed 을 받아 수행하고, 나머지 업무에 대해서만 당신이 가능할 때 업무를 당겨와 수행해 보라.

변화하는 현실을 수용하지는 않고 퍼스널 칸반의 틀만 강조하는 것에 함몰되지는 말자. 현재의 압도적인 업무들을 다룰 수 있는, 자신만의 최선의 시각화 및 업무 스타일을 찾아 개선하자.

퍼스널 칸반 Tips

❶ 삶은 질서와 혼돈 사이에서의 균형이다.

❷ 패턴과 맥락은 종종 수면 위로 그 모습을 드러낸다. 그러니 충분한 정보를
갖기 전에 너무 성급하게 계획을 세우는 데 몰두하지 말자.

❸ 오늘의 행동은 내일의 선택에 영향을 미친다.

❹ 당김과 흐름과 케이던스는 우리가 어떻게 일하고 어떤 대안들이 적합
한지를 선택하는 데 있어 명확성을 제공해 준다.

❺ 밀어내기 방식은 맹목적 행동이고, 당김 방식은 정보에 기반한 행동이다.

❻ 당김 방식이 최적이긴 하지만, 강제로 할당되는 업무도 피할 수는 없다.
현실을 수용하고, 언제나 유연하게 대처해야 한다.

CHAPTER 05

충만한 삶의
요소들

▶ 자신이 진정으로 원하는 것을 결정하라. 그리고 나소 아깝더라노 그 것과 기꺼이 바꿀 수 있는 것들을 결정하라. 그것들의 우선순위를 정 하고 실행하라.   − H. L. 헌트Hunt

당신에게 혹시 이런 날들이 있었는가? 마치 온 우주가 당신을 괴롭히는 것만 같은 그런 날들 말이다. 물론 있었을 것이다. 당신뿐 아니라 우리 모두에게는 그런 날이 있다. 공동 저자인 토니안Tonianne 도 마찬가지였다. 사실 그녀는 며칠이 아닌 몇 달 동안 그랬다. 그녀의 이야기는 다음과 같다.

일은 내가 친구의 이메일을 비웃은 그 날부터 시작되었다. 그 메일에는 나의 운세가 들어 있었는데, 대충 "이불을 푹 뒤집어쓰고 30일 동안 이불 속에서 나오지 마라."고 충고하는 내용이었다. 그런데 마침 그날 내 차는 견인이 되었고, 치과 의사는 나의 치통이 부비동염이거나 혹은 치아 뿌리 염증일 것 같은데 이를 정확히 판단하기가 어렵다고 했으며, 집의 공조기는 일 년 동안 벌써 네 번이나 얼어붙었고, 이로써 내 방이 흥건하게 젖어 버린 것은 이번이 세 번째였다.

좋아, 한 번 해보자는 거지!

미래에 있을지도 모를 구강 수술은 질소 마취로 충분히 견뎌낼 수 있다는 것을 알고 있었다. 몇 군데 긁힌 자국이 기념으로 남아 있긴 하지만, 어쨌든 차 문제도 결국 해결되었다. 그러나 내 방이 축축해진 지 며칠 지나지 않아 벽에서 뿜어져 나오는 퀴퀴한 냄새는 도무지 견뎌낼 수가 없었다. 곰팡이, 나의 끊이지 않는 기침이 말해주듯 이것은 꽤나 심각한 것이었다. 내 폐가 그렇게 느낀 것만이 아니다. 독성 곰팡이의 위험성에 대한 자료를 조사해 보니, 실제로 내 환경이 그리 건강하진 않았다. 그래서 난 이것을 더 파고들 필요가 있어서 그렇게 했다.

나는 벽에 피어 있는 곰팡이에 대해 정밀 검사를 의뢰했다. 물론 벽을 가로질러 넓게 피어 있는 복슬복슬한 검푸른 곰팡이를 보는 것만으로도 나의 의심이 맞는다는 것을 확인할 수 있었지만 말이다. 그 곰팡이와 포자는 2.5m 높이까지 올라와 있었다. 벽은 즉시 뜯어내야 했다. 그리고 이를 위해 우리 가족은 두 시간 동안 대피를 해야만 했다.

나는 그래도 최악의 상황은 넘겼다고 생각하며, '좋아. 나는 강해. 나는 이 상황을 잘 처리할 수 있어.'라고 각오를 다졌다.

그러나 냉장고에 붙어 있던 달력은 나를 조롱하는 듯했다. 이메일에 담겨 있던 운세가 말한 30일이 아직 반도 채 지나지 않았으니 말이다.

마스크와 보호복을 착용한 유해 물질 분석팀이 오염된 방을 격리하고 샘플을 채취했다. 그리고 그 뒤에 철거반원들이 들어와 벽을 허물고, 남아 있는 기둥보도 깨끗이 문질러 독성물질이 공기 중에 남아 있지 않도록 조치했다. 그렇게 몇 시간 만에 내 아늑했던 집이 공사장으로 변해 버렸다. 남아 있는 벽도 거의 없었다.

남편과 나는 그날 저녁 늦게야 집으로 돌아와 공사의 '진척 상황(진척이라고 일단 말하자)'을 확인해 볼 수 있었다. 우리 집에 대대로 내려오던 18세기 영국제 거실장에 먼지와 절연 테이프가 난잡하게 붙어 있었지만, 그때까지만 해도 나는 침착함을 잃지 않았다.

하지만 나는 곧 '석면ASBESTOS'이라고 쓰인 표지가 이곳저곳에 붙어 있다는 것을 발견했다.

무시무시하군! 내가 졌다!

그리고 하필이면 이 모든 혼란이 3일째 되던 날, 나는 꿈에 그리던 고객과 일을 시작하게 되었다. 그러나 4일째 되던 날, 40도에 달하는 고열과 함께 심한 기침을 하게 됐고, 이후 이틀 동안 아무 일도 할 수 없게 되었다. 그리고 5일째 되던 날, 결국 우리 집은 더 이상 '거주가 불가능한' 상태가 되었다. 나중에서야 나는 부비동염, 폐렴, 그리고 갈비뼈까지 상했다는 사실을 알게 되었고, 집에 돌아와서도 이것들과 계속 싸워야만 했다.

그러나 나는 어디서부터 시작해야 할지를 몰랐다.

가구는 흐트러져 있었고, 도처에 석고가 묻은 필름이 놓여 있었으며, 커튼은 찢어진 채로 커튼봉에 걸려 널부러져 있었다. 새 벽은 도색되지 않은 채 남겨져 있었고, 전화기와 인터넷 케이블은 습기에 방치돼 있었다. 또한 철거 작업 중 실수로 전선이 끊겨, 방 두 개는 아직도 전기가 복구되지 않고 있다.

이 사태로 인해 우리가 해야 할 TO-DO LIST는 그 수를 헤아릴 수 없을 것만 같았다. 거기에는 다음의 목록들이 포함되겠지만, 물론 이게 전부가 아니라는 것만은 확실했다.

• 부비동염 / H1N1 / 중피종Mesothelioma / 림프절 페스트Bubonic Plaue

에 걸리지 않도록 병원 검진 예약하기

- 치아 뿌리 염증의 재검을 위해 다른 치과 방문 예약하기
- 우리가 어떤 곰팡이에 노출되었는지 샘플 검사 보고서를 받아 확인하기
- 철물점에서 페인트를 사고, 페인트공 섭외하기
- 고객과의 업무 챙기기
- 침구 및 커튼 드라이클리닝 세탁 보내기
- 토요일에 일할 가정부 구하기
- 버라이즌Verizon 과 회의 일정 잡기
- 컴캐스트Comcast 와 회의 일정 잡기
- 전기수리공을 섭외하여 전원 수리하기
- 이메일 확인하기
- 차가 견인될 때 긁힌 부분 확인하기
- 정비소에 연락하여 차 수리 견적 내기
- 보험 신청하기
- 곰팡이에 노출된 의류, 신발 및 기타 옷장 물품들을 살피고, 다시 쓸 수 있는 것들만 분류하기
- 독성 곰팡이에 대해 조사하기
- 석면에 대해 조사하기

어마어마한 일들에 완전히 압도당한 나는, 이 일을 이겨내는 데 도움을 줄 수 있는 것을 찾아 눈을 돌렸다. 우리 엄마는 아니다. 술도 아니다. 물론 단기적으로는 이러한 것들이 심리적 안도감을 줄 수 있겠지만, 나에

게 정말 필요한 것은 심리적인 혼란을 뚫고 장기적인 결과를 보장해 줄 그 어떤 것이었다. 나에게는 이러한 일에 대한 명확성이 필요했다. 그래서 나는 곧장 퍼스널 칸반으로 눈을 돌렸다.

나는 점착식 메모지와 화이트보드로 무장하고, 반격을 계획했다. 우선 '백로그'를 채우고, 우선순위를 정하기 시작했다. 그러자 조금 전까지만 해도 할 일이 너무 많아 무엇부터 해야 할지 모르는 혼란스럽고 모호했던 큰 덩어리가, 이제는 다루기 쉬운 개별적이고 실행 가능한 일련의 작업들로 변환되었다. 그러나 그것보다 더 중요한 것은 나의 퍼스널 칸반이, 덜 중요하지만 하기 쉬운 일을 먼저 하도록 격려하기보다는(예: 차량 검사 및 수리), 장기적으로 봤을 때 가장 가치 있는 일(예: 건강 관련 과업)에 집중할 수 있게 했다는 점이다.

어떤 작업을 당겨 와야 할지에 대한 이해와, 점착식 메모지를 '완료' 칸으로 끌어다 놓는 물리적 행동은 내게 실재하는 오버헤드existential overhead를 낮추고, 나의 기분을 좋게 만들었다. 그 시기는 내 인생에 있어 무척 힘든 시기였기에, 나에게는 내가 취할 수 있는 기분 좋아지는 그 모든 것들이 필요했다.

퍼스널 칸반은 일의 지도를 제공해 줄 뿐만 아니라, 우리가 어떻게 일하는지에 대한 이야기를 제공해 주며, 즉각적인 이해와 보상, 학습과 인식, 교육과 성장의 시스템을 만들어 준다. 앞에서 생산성(효율성)과 효과성의 차이에 대해 언급한 적이 있지만, 우리는 일을 잘하고 싶고, 우리의 노력이 의미가 있기를 원한다. 하지만 상황과 맥락의 이해 없이는 효과적으로 일하는 것이 무척 어렵다. 이를 위해서는 우리가 내리는 결정들이 무엇인지 알아야 할 뿐 아니라, 어떻게 그 결정에 이르게 되었는지도 이해할 수 있어야 한다.

메타인지 meta-cognition :
통념을 위한 치료제

수많은 책이나 컨퍼런스, 워크숍, 코칭 등이 생산성 productivity 을 강조하고 있다. 하지만 더 많은 일을 하고 더 빨리 하기 위한 시도가 얼마나 비참하게 실패하고 있는지는 주변을 조금만 둘러보아도 쉽게 확인할 수 있다. 멀리 볼 것도 없다. 한 가정에서 최소한 두 명이 돈을 벌어야 하며, 자녀들의 일정은 웬만한 기업 CEO만큼이나 바쁘다. 우리는 현 상태를 유지하기 위해서만도 이전보다 훨씬 더 많은 것을 하고 있으며, 이에 지쳐가고 있다.

이런 것만 봐도 아마도 생산성이 진짜 목표는 아닌 것 같다.

우리는 적합한 일 right things 을 적절한 시기 right time 에 해내는 것보다도, 그냥 무슨 일이든 빨리 완료하는 것에만 집착한다. 이렇게 업무의 완료에만 집중하다 보니 우리가 관여하고 있는 일과 관련한 큰 시야를 쉽게 놓쳐버린다. 업무의 배경은 물론, 여러 가지 대안들과 협력의 기회를 볼 수가 없다. 결국 이렇게 일하는 것은 장기적으로 볼 때 비(非)생산적인 것을 넘어 반(反) 생산적이기까지 하다.

맥락의 이해를 수반하지 않는 업무 부하는 우리를 구속하고 혼란스럽게 만든다. 복잡한 울타리 미로에 갇혀버린 것처럼 우리는 업무의 배경에서 분리되고 업무의 지평선조차 볼 수 없게 된다. 우리는 한 작업에서 다음 작업으로 목적 없이 움직이며 한 두 단계를 넘어서는 일은 전혀 내다볼 수 없게 된다. 만약 우리가 미로의 꼭대기에 서서 주변을 살펴볼 수 있다면, 돌아가는 길, 다른 대안 길, 막다른 길, 그리고 궁극적으로 출구(성공)를 볼 수 있을 것이다. 마찬가지로 업무 부하를 파노라마로 본다면 우리가 어떻게 일하고 어떻게 의사결정을 내리는지를 이해할 수 있다. 그러면 우리의 선택과 결정을 다른 사람에게도 잘 설명하고 정당화할 수도 있게 된다.

생산성에 초점을 맞추는 것은 근시안적 관점이다. 진정한 목표는 효과성이며 이를 위해 명확성도 필요하다. 따라서 시각화를 통해 명확성을 높여야 한다. 그래야 적시에 적합한 일을 선택하여 수행할 수 있다. 하지만 단순히 업무를 이해하는 것만으로는 충분하지 않다. 의사결정 과정을 이해해야 하고, 업무의 맥락context 을 이해해야 하며, 업무들 간의 관련성relevancy 을 발견하고 또 패턴pattern 을 식별하여, 여러 가지 대안options 들을 마련하고 그것들을 잘 선택해야 한다. 그러므로 명확성은 단지 우리가 무엇what 을 하고 있는지를 이해하는 것으로 그치지 않는다. 왜why 그리고 어떻게how 그 일을 하고 있는지까지 이해해야 하는 것이다.

한편, 퍼스널 칸반은 메타인지적meta-cognitive 도구이다. 통합되지 않고 부분적으로만 이해하고 있던 개별적인 과제의 조각들을, 전체적으로 이해할 수 있는 틀framework 위에 올려놓아 일의 전체적인 가치 흐름과 이와 관련한 명확한 선택지들을 인지할 수 있게 한다. 또한 이 틀을 통하여 우리가 왜 그리고 어떻게 의사결정을 내리는지에 대한 통찰도 얻을 수 있다. 메타인지란 '아는 것이 무엇인지에 대해 아는 것knowing about knowing'이다. 우리는 이를 바탕으로 '무엇을 해야 할지를 어떻게 선택할지How we choose what to do'에 대해 자각하게 된다.

시각화의 장점이 바로 이것이다. 일단 업무를 시각화하면 그 업무는 서사narrative의 형태를 취하게 되는데, 여기에는 업무의 내용만이 아니라 업무와 관련된 인물, 행동, 장소, 시사점, 뒷이야기 같은 세부적인 것들이 함께 녹아 있다. 이러한 서사는 업무 지도(칸반 보드)를 통해 전해지게 되는데, 바로 이 지도를 통해 업무들의 맥락과 상호 관계들이 시각적으로 묘사되는 것이다.

만약 이 지도가 없다면 업무들은 단순히 글자text로 여겨져 이야기가 횡설수설해지고 모호해지며 그 세부 내용들도 혼란스럽게 된다. 그러면 업무와 관련된 여러 가지 대안들과 그 장단점들을 설명하려고 할 때도, 다음과 같이 성급하게 전개될 수밖에 없다.

"이러한 일들을 할 필요가 있고, 이것들은 이러한 사람들과 관련이 있으며, 이러한 시간까지 끝내야 하고, 이러한 결과를 얻을 수 있다. 저러한 다른 대안들도 있는데, 그러면 저러한 시간까지 끝내야 하고, 저러한 결과를 낳을 것이다. 그러므로 나는 어떠한 일을 어떠한 시간 안에 할 수 있으며,

이 사람이 저 사람보다는 적합할 것 같다…"

글자는 다루기가 어렵다. 반면, 퍼스널 칸반이라는 그림 한 장은 천 단어 이상의 가치가 있다.

생산성, 효율성,
그리고 효과성

- 생산성 productivity : 얼마나 많은 일을 완수했는지에 관한 것(꼭 필요한 일이었는지와는 무관함)
- 효율성 efficiency : 일을 얼마나 쉽게 완수했는지에 관한 것(최대의 효과/결과를 얻는 데에도 도움이 되었는지와는 무관함)
- 효과성 effectiveness : 적합한 일 right work 을 적시 right time 에 완수했는지에 관한 것(지속 반복이 가능한지는 또 다른 문제임)

생산성에 대해 말하고 있는 수많은 책, 컨퍼런스, 워크숍, 코칭들의 주장과는 달리, 생산성이 인간의 잠재력에 대한 궁극적인 척도가 되어서는 안 된다. 물론 퍼스널 칸반도 생산성을 높여준다. 하지만 생산성 자체가 목표인 것은 아니며, 효율성과 효과성을 함께 추구한다.

진행 중 업무의 개수를 제한하라

퍼스널 칸반의 이러한 역할에 대해 조금 더 살펴보자.

- 생산성의 도구: WIP의 제한으로 더 많은 업무를 완수할 수 있다.
- 효율성의 도구: 가치 흐름에 집중함으로써 더 적은 노력으로 더 많은 일을 할 수 있다.
- 효과성의 도구: 대안들을 명확히 하여 감이 아닌 정보로 의사결정을 내릴 수 있다.

명확성과 목적의식, 그리고 자기 확신이 고조된 정점의 순간에 이르게 되면, 자연스레 생산성, 효율성, 효과성이 모두 폭발적으로 증가하는 것을 경험하게 된다. 이러한 경험을 가리켜 심리학자 매슬로우Abraham A. Maslow는 '절정 경험peak experiences'이라고 했는데, 이는 최고로 몰입했을 때 새롭게 또는 강렬하게 느끼게 되는 의식의 상태를 말한다.[17] 일반적으로는 '무아지경(無我之境)' 혹은 '몰입' 상태에 빠졌다고도 하는데, 자신의 두뇌가 어떻게 작동하고 있는지, 하고 있는 일에 대해 얼마나 좋은 감정을 느끼며, 업무 수행 활동이 얼마나 적절하다고 생각하는지와 관련하여 그 수준이 매우 특별하다고 느껴지는 순간들이 바로 그런 예이다.

당연히 절정 경험은 매우 좋은 것이다.

하지만 이러한 절정을 좀 더 많이 경험하기 위해서는 우리 스스로에게 이와 관련한 유인책을 제공할 필요가 있다. 만약 우리를 몰입 상태에 빠지게 한 그 무언가에 대해 충분히 인식하고 인정하지 않는다면, 우리는 절정 경험을 단지 '예상치 못한 황홀하고 행복했던 사건' 정도로만 치부할 것이다. 절정 경험이라고 해서 그것이 꼭 희귀한 것일 필요는 없다. 아니, 사실은 정반대다. 일단 무엇이 절정 경험을 유발하는지 알게 되면 그 '최고조의 순간'을 재현할 수 있고, 그 빈도와 지속 시간도 더욱 증가시킬 수 있다. 업무의 명확성과 목적이 있을 때 최고조의 순간들은 더욱 빈번해지고, 궁극

---

17) 『Religions, Values, and Peak Experiences』 (에이브러햄 H. 매슬로우 지음 / New York: Penguin)

적으로는 상시적인 자아실현 상태에 근접하게 된다. 그리고 앞에서 말했 듯, 자아실현 상태에 있는 사람들은 당연히 생산적이면서도 효율적이고 효 과적이다.[18]

한편, 퍼스널 칸반은 업무를 명확하게 해준다. 이를 통해 현재 하고 있 는 일이 무엇인지, 미래에 할 수 있는 일들의 선택지들과 그 장단점들은 무 엇인지, 과거에 잘 해낸 일들은 무엇이며, 우리를 행복하게 만드는 것들은 무엇인지를 볼 수가 있다. 그리고 이러한 지식을 바탕으로, 대안들을 해석 하고 무엇을 선택할지를 따져보며, 작업의 우선순위를 정할 수 있다. 퍼스 널 칸반은 또한 생산성, 효율성, 효과성 3개 모두를 개선의 대상으로 두고 균형을 맞춘다. 진정으로 생산적이고 효율적이며 효과적일 때, 우리는 하 고 있는 것이 무엇이든 그것을 즐길 가능성이 더 커지고, 더 잘하고 싶다고 느끼게 된다. 그리고 이것이 선순환을 만들어낸다. 우리는 명확성을 갖게 되고, 업무를 더 잘해낼 수 있다. 일은 더 잘하면서도 스트레스는 오히려 덜 받게 된다. 이것이 바로 자아실현의 핵심이다.

18) 매슬로우는 그의 말년에, 인간의 욕구 5번째 단계인 자아실현 위에 더 고차원적인 최상위 욕 구로 '영적 spiritual' 차원을 새롭게 추가하였으나, 이 책에서는 이에 대해 다루지 않는다.

좋은 투자 정의하기

2003년 나는 그레이 힐 솔루션즈Gray Hill Solutions라는 회사에 근무하면서, 'ATIS Advanced Traveler Information System'라는 시스템을 개발하였다. 이것은 미국의 주요 대도시 지역을 대상으로 한 '첨단 여행자 정보 시스템'으로, 웹web 기반의 쌍방향 교통지도다. 당시 우리는 명확하고 실현 가능한 비전을 먼저 수립했고 이를 기반으로 시스템을 개발하였으며, 그 결과 지금까지도 수백만 명의 사람들이 이 양질의 서비스를 지속적으로 이용하고 있다. 지금도 그 웹사이트에 들어가보면, 당시 우리 팀의 생산성과 효율성, 그리고 효과성(각각을 구분하여 이 모든 부분에서)이 가히 폭발적이었다는 것을 상기하게 된다. 당시의 업무와 과정들, 그리고 의사결정들이 모두 기억나며, 그때 겪은 좌절과 절정 경험들도 모두 떠오른다.

사실 이 ATIS 시스템은 이미 2년 동안 다른 두 회사가 개발하고 있었고, 그 일을 끝내 완수하지 못한 상황이었다. 우리 회사는 그 프로젝트의 중간에 합류하게 된 것이었고, 심지어는 이전 두 회사에게 2년 동안 주어졌던 일들을 단 몇 달 안에 마무리 짓도록 요청받았던 것이다. 따라서 시간은 결코 우리 편이 아니었다.

이렇게 말도 안 되는 기한 내에 웹사이트를 재설계하고 개발하여 오픈하는 것도 버거운데, 그 계약에는 '상세 설계 문서detailed design document'를 포함한 여러 가지 보고서를 작성하는 것이 추가로 포함되어 있었다.

하지만 우리의 일정은 예정보다 이미 많이 늦어진 상태였다. 마감일을 맞추기 위해서는 즉시 개발을 시작해야 했다. 그래서 의뢰자는 일단 웹사이트 구축을 먼저 완성해놓고, 사이트 오픈 6개월 후에 상세 설계 문서를 작성해 달라고 요청했다. 기본적으로 소프트웨어의 청사진 격에 해당하는 상세 설계 문서는 무엇을 개발해야 하는지에 대한 상세한 설명을 제공함으로써 개발 과정을 인도하는 자료다. 다시 말해 상세 설계 문서는 프로젝트가 일정대로 진행되는 상황에서나 필요한 것이다. 웹사이트가 구축되고 난 후에는 전혀 필요 없는 문서였다. 따라서 그들이 요청하는 사후 문서는 단지 절차상의 요구 조건이었을 뿐이다. 그래서 우리는 상세 설계 문서 대신 '사용자 설명서'로 대체하면 안 되겠냐고 제안을 했다. 하지만 그들의 관료주의가 우세했고, 우리는 결국 웹사이트 구축 후에 상세 설계 문서를 작성해야만 했다.

결국 우리는 500페이지가 넘는 문서를 작성해 제출했다. 아마도 그 문서는 서랍 한구석 어딘가에 계속 처박혀 있을 것이다. 상세 설계 문서를 작성하는 것을 통해 생산성은 확실히 볼 수 있을지라도, 효과성에 대한 증거는 거의 찾아볼 수 없었다. 그 문서가 기여한 유일한 목적은 단지 행정적 요건을 충족시키는 것 뿐이었다. 만약 의뢰자의 목표가 생산성이 아니라 효과성이었다면, 상세 설계 문서는 사용자 매뉴얼로 대체되었거나 혹은 시간과 비용을 절약하기 위해 작성되지 않았을 것이다.

우리 모두는 일과 관련된 고객은 물론 가족 그리고 후대에까지 우리가 제공하는 가치가 극대화되어 전달되기를 원한다. 물론 여기서의 가치가 반드시 수입이나 이익을 의미하는 것은 아니다. 사실 감정적인 만족과 금전적인 보상 사이에는 거의 상관관계가 없다. 전문적이고 창의적이며 감정적인 만족은 대개 다른 유형의 보상으로부터 비롯된다. 그러므로 진정한 성공과 성취감 그리고 자아실현을 느끼기 위해서는 업무에 대한 자부심을 느끼는 것이 매우 중요하다.

특히 이와 관련한 목적의식은 '우리의 노고가 효용성이 있고 그 노력이 실제로 의미 있는 영향을 만들어 내는지'에 대해 인지하는 것과 크게 연관된다. 그러나 수백만 명의 통근자들이 매일 교통 웹 사이트를 이용하는 것과는 달리, 상세 설계 문서는 어느 누구에게도 유용하지 않았다. 그 보고서는 오직 생산성만을 보여주는 산출물이었으며, 우리 같은 전문가들에게 생산성은 효과성에 견주어 크게 가치를 갖지 못한다.

반면, 이 웹 사이트는 효과성을 보여주는 훌륭한 사례였다. 작은 규모의 팀이 이렇게 명백한 가치를 지닌 서비스를 만들어 냈다는 것만으로도 매우 큰 보람이자 보상이었다. 이렇게 볼 때, 결국 생산성은 결코 좋은 투자의 궁극적인 조건이 아니다. 그보다는 효과성이 훨씬 가치가 큰 것이다.

현실성 점검 Reality Check

우리의 목표는 생산성, 효율성, 효과성 사이에서 균형을 잡는 것이다.

- 어떤 목표 혹은 작업을 당겨야 행복을 이룰 수 있는가?
- 어떤 목표 혹은 작업을 당겨야 재능과 전문성을 성장시킬 수 있는가?
- 어떤 목표 혹은 작업을 당겨야 만족과 기쁨을 누릴 수 있는가?
- 어떠한 작업이 단순히 그 일을 하는 것 자체만으로도 당신에게 보람과 보상을 주는가?
- 무엇이 당신을 내키지 않는 일을 하도록 강요하는가?
- 무엇을 선택하고 무엇을 포기해야 균형을 이룰 수 있는가?
- 어떻게 갈등과 모순을 인생에서 제기할 수 있는가?

퍼스널 칸반은 이러한 질문에 대한 답을 구할 수 있도록 우리를 도와준다. 물론 정답이나 궁극적인 답을 주는 것은 아니다. 그러나 적어도 행복해질 수는 있다. 그것도 많이. 왜냐하면 퍼스널 칸반은 명확성을 확보해 주기 때문이다. 명확성을 통하여 우리는 자신의 강점들을 이해할 수 있고, 그 강점들을 최대한 이용해 목표를 세울 수 있으며, 그 목표를 향한 성공을 준비할 수 있는 것이다.

퍼스널 칸반 Tips

❶ 시각화는 불확실성에 대한 불안감을 없애 준다.

❷ 명확성은 의사결정의 질뿐 아니라 의사결정의 과정도 개선시켜 준다.

❸ 효과성이 없는 생산성은 낭비에 불과하다.

❹ 절정 경험을 통해 효과성이 현저히 향상된다.

❺ 지속 반복이 가능한 절정 경험을 통해 끊임없는 카이젠(지속적인 개선)이
   가능해진다.

❻ 자신의 업무들을 이해하고 우선순위를 정하는 방법을 알아야, 업무를 할당
   받아 수동적으로 수행하는 것 push 과 당겨서 능동적으로 수행하는 것 pull
   사이의 균형을 잡을 수 있게 된다.

CHAPTER 06

우선순위
관리

▶ 적을 알고 나를 알면, 백 번 싸워도 위태롭지 않다(知彼知己 百戰不殆).

– 손자(孫子)

수년 동안 나는 매일 10,000 걸음 이상 걷는 것을 목표로 했다. 내 주머니에는 항상 만보계가 있었고, 무슨 일이 있어도 목표를 달성하려고 노력했다. 심지어는 통화를 할 때조차도 자리에서 일어나 계단을 오르내리거나 사무실 주위를 돌며 통화를 했고 만보계의 숫자가 올라가는 것을 확인했다.

그 결과, 나는 건강하고 늘씬한 편이었다.

그러다 한번은 만보계의 건전지가 닳아버렸다. 그 후로도 몇 달 동안이나 건전지 교체하는 것을 소홀히 했고, 그것이 이 책을 쓰는 동안 문제가 되리라고는 전혀 생각하지 못했다. 결국 나는 자리에서 일어나 걸어 다니는 일 없이, 매일 12~15시간 동안을 노트북 앞에만 앉아 있게 되었다.

그 결과, 내 상태와 건강은 눈에 띄게 나빠졌다.

만보계는 나의 척도이자, 동기부여 요인이자, 시각적 통제 장치였다. 그것은 내가 목표에 얼마나 근접했는지, 그리고 목표에 도달하려면 몇 걸음이 더 필요한지를 언제라도 알려주었다. 내가 그 통제에 접근할 수 있는 한, 나는 행동에 대한 즉각적인 보상(만족)과 불이익(실망)을 얻을 수 있었다. 내 만보계는 주머니 속의 '명확함'이었고, 나는 그것으로 인해 늘 걷는 것에 높은 우선순위를 둘 수 있었다.

하지만 만보계를 사용하지 않자 걷는 것에 대한 명확함이 사라졌다. 즉, 걸음 수를 명확히 측정할 수 없게 된 것이다. 건전지가 다 닳은 만보계를 가지고서는 제대로 된 관리를 할 수가 없기에, 나는 무의식중에 걷는 것의 우선순위를 낮추게 되었다.

그렇다. 그 시각적 통제가 그간 나의 몰입을 유지한 것이었다.

더 깊은 논의를 위해, 나를 '전문' 보행인Walker 이라고 가정해 보겠다. 실제로 나는 보행과 관련된 생체 측량은 물론, 신발을 비롯한 각종 도구와 기술에 대해서도 잘 알고 있다. 나는 또한 미국의 거의 모든 주와 3개 대륙에서 비와 눈까지 뚫으며 걸었던 경험도 많다. 그래서 나는 그러한 경험을 기반으로 걸음 수를 추정할 수 있다. 예를 들면, 오늘은 매우 활동적이었기에 걸음 수가 14,000보 정도 될 것이라고 추정한다. 그러나 시각적인 통제 없이는 제아무리 잘 훈련된 추정도 그저 어둠 속의 총알과 같다. 그림에서

보듯 새로 산 건전지를 끼워 둔 만보계를 주
머니에서 꺼내 확인해 보니, 실제 걸음 수는
9,253보밖에 안 되었다. 나의 추측은 곧장 잘
못된 것으로 판명되었다. 즉, '무엇이 맞는지
right'를 보여주는 것은 내 추정이 아니라 만
보계인 것이다.

개념concept 적인 것을 다루는 것은 단지 추측에 불과하다. 추측하지 않
도록 만드는 시각적 관리와 통제가 없다면 우리는 결국 추측할 수밖에 없
다. 추측이 경험을 통해 얻은 통찰에 기초한다고 생각할 수도 있겠지만, 실
제로는 희망이나 두려움에 의해 형성되는 불완전하고 불충분한 정보에 기
초하는 것이다. 낙관적이고 행복한 사람이었던 내가 내 걸음을 과대평가했
던 것처럼 말이다. 그러므로 객관적인 척도가 없다면 '감정'이 우리가 의지
하는 유일한 지표가 된다.

불행하게도 대부분의 회사와 팀 그리고 개인들이 이런 식으로 자기들의
일을 측정한다. 우리 중 많은 사람들이 자신을 그 분야의 전문가로 여기고
자신의 기억을 바탕으로 추정을 하는 것이다. 과거에 유사한 작업을 수행
하는 데 얼마나 오랜 시간이 걸렸는지를 떠올리고, 그것을 계획에 집어넣
는다. 그러나 앞에서 말한 것처럼 추정은 아무리 정교하더라도 섬세한 관
찰을 넘어설 수 없다. 또한 추정은 많은 경우에 있어 현실을 반영하기보다
는 희망을 투영한다.

앞으로 할 일들을 정보에 기반하여 보다 정확하게 추정하려면, 과거에

어떻게 일했는지와 함께 얼마나 자주 계획에서 벗어났는지도 고려해야 한다. 어떤 작업을 2시간 안에 완료한다고 해서 8시간 안에 4번, 40시간 안에 20번을 완료할 수 있는 건 아니다. 과거에 유사 작업을 수행하는 데 얼마나 오랜 시간이 걸렸는지와, 다음번에 이 작업을 수행할 때 얼마나 많은 시간이 필요한지는 분명한 차이가 있다. 상황은 항상 변하고 있기에, 이러한 변동성 variability 과 장애 interruption , 한발 더 나아가 혁신 innovation 까지 고려한다면, 업무와 업무 사이에는 시간적 여유 공간인 슬랙 slack 이 반드시 필요하다. 때로는 그 2시간짜리 작업이 1시간 반 만에 끝날 수도 있고, 때로는 4시간 이상 소요되기도 한다. 이것이 바로 업무의 자연스러운 속성이다. 그러므로 상황 변화에 대응하기 위해서는 우리가 하고 있는 일을 조정할 수 있는 유연함 flexibility 이 반드시 필요하다.

진행중업무의 개수를 제한하라

구조, 명확성,
그리고 우선순위 정하기

MIT 공대 교수 댄 애리얼리Dan Ariely 의 저서 『상식 밖의 경제학Predictably

Irrational: The Hidden Forces That Shape Our Decisions 』에는 선택지options 에 관한

재미있는 실험 하나가 묘사되어 있다.

그는 다음과 같이 3개의 학급에 각각 다른 형태의 과제 마감일을 지정

해 주었다.

- 첫 번째 학급에는 고정된 마감일을 제시했다.
- 두 번째 학급에는 학생들이 개별적으로 마감일을 미리 정하는 것을 허

  용했다.

- 세 번째 학급에는 특정한 마감일 없이 학기 중 언제든지 과제를 제출하게 했다.

그러나 세 학급 모두 과제 제출이 늦어지면 감점이 있었다. 과연 결과는 어떠했을까? 마감일이 고정된 첫 번째 학급이 가장 좋은 점수를 받았고, 마감일을 스스로 정한 두 번째 학급이 2위를 차지했다. 그리고 마감일이 지정되지도 않고 스스로 정하지도 않은 세 번째 학급이 가장 낮은 점수를 받았다.

이상하지 않은가? 자신들이 편한 시간에 과제를 제출할 수 있는 자유가 주어지면, 조사하고 집필하고 편집할 시간 계획을 더 잘 수립할 수 있지 않았을까? 다시 말해, '당김'의 정점에 있던 마지막 학습의 학생들이 가장 성과가 뛰어났어야 하는 것 아닌가?

애리얼리 교수는 이러한 불일치를 '미루기procrastination' 때문으로 규정하고, 마감일을 설정하는 것이 최선의 해결책이라는 의견을 제시한다. 하지만 엄밀히 말하면, 그의 실험은 '마감일 설정'보다는 '명확성'에 관한 것이다. 이 사례의 경우, '마감일'이 '명확성'을 대표하는 것이었을 뿐이다. 다시 말해, 이 실험은 '명확성'이 효과적인 우선순위 결정의 핵심임을 보여주고 있다.

높은 명확성과 높은 우선순위

마감일이 정해져 있던 학생들은 마감일에 맞춰 과제에 대한 우선순위를 설정할 수 있었다. 그들은 고정된 마감일의 의미와 마감일을 넘길 경우 예상되는 결과를 명확히 이해하였다. 그만큼 그들은 자신들에게 요구되는 것에 대한 명확성을 가지고 있었다. 이러한 명확성이 높은 우선순위의 설정을 강제했고, 이는 그간 학생들에게 익숙한 것이었다.

적당한 명확성과 적당한 우선순위

스스로 정한 마감일은 지정된 마감일보다 명확성이 약하다. 그래서 학생들은 다른 과제의 마감일을 먼저 따져 본 다음에야 이 과제를 완료할 최적의 시간을 추정했을 가능성이 크다. 마감일이 자율적이라는 점에서 이 과제의 중요성은 그리 높아 보이지 않았을 것이다. 물론 완전히 무시된 건 아니지만, 과제에 대한 마감일이 외부에 의해 결정되는 것이 아니기에 그 우선순위가 밀릴 수밖에 없었다.

낮은 명확성과 낮은 우선순위

마감일이 없다는 것은 구조화가 전혀 되지 않았다는 것이고, 이것은 궁극적으로 명확성이 없는 것과 마찬가지다. 당연히 다른 수업 과제들의 마감일이 애리얼리 교수의 과제보다 우선되었다. 물론 이론적으로는, 마감일을 없애면 학생들이 스스로 당김 시스템을 만들어, 여유가 있을 때 과제를 당겨와 수행했어야 한다. 하지만 그렇지 못했다. 그것은 당김의 개념 자체가 잘못되었다거나 학생들의 미루기에 문제가 있어서가 아니다. 그보다는 밀어내기push 방식의 환경 속에, 외롭게 홀로 놓인 당김pull 시스템의 '이질감'이 더 큰 문제였을 수도 있다.

당김 시스템은 효과성과 효율성 모두를 추구할 수 있는 것임에도, 학생들의 상황적 맥락 밖으로 밀려나 있었다. 그들은 밀어내기 시스템의 지정된 마감일 방식에 너무 익숙하여, 밀어내기 방식과 당김 방식의 서로 다른 요구를 통합할 방법을 발견하지 못한 것이다.

이것을 가능하게 하기 위해서는, 밀어내기 방식의 다른 수업들과 당김 방식의 애리얼리 교수의 수업을 조화롭게 연결시켜 줄 수 있는 '가치 번역기value translator', 즉 이 둘 모두를 담을 수 있는 시각적 통제visual control 장치가 필요하다. 당연히 퍼스널 칸반의 시각적 속성은 이러한 맥락들을 분명하게 만들어준다.

위 사례의 경우, 학생들에게는 마감일이 명확성을 대표하는 것이었음을 확인할 수 있었다. 애리얼리 교수의 과제도 다른 수업의 과제 못지않게 중요했지만, 마감일에 대한 강요가 느슨해 학생들이 이 과제를 수행하는 행동으로 옮기기 위해서는 마감일처럼 익숙한 또 다른 형태의 촉발 장치가 필요했던 것이다. 만약 학생들이 그들의 일을 시각화했다면 밀어내기 방식의 마감일이 다가왔다 하더라도 애리얼리 교수의 과제를 당겼을 것이다. 그리하여 학생들은 어떤 식으로든 학기 말에는 그들의 모든 과제를 완료했을 것이다. 퍼스널 칸반을 활용했더라면, 부담도 적고 마감일이 아직 많이 남아있던 학기 초에 애리얼리 교수 과제의 우선순위를 높였을 것이다.

더 작게, 더 빠르게, 더 좋게:
작업의 크기 조정과 WIP 제한하기

▶ 계획plans 은 별 쓸모가 없지만, 그래도 계획 세우기planning 는 꼭 필요
하다.　　　　　　　　　　　－ 드와이트 D. 아이젠하워Dwight D. Eisenhower

　많은 생산성 도구들이 업무를 작은 덩어리로 나누라고 한다. 일이 작을
수록 이해하고 완수하기가 쉽기 때문이다. 작업을 작게 나누어 수행하면
변경이나 실패의 비용을 줄일 수가 있어 전체적으로 시간 투입이 적어진
다. 작업의 크기를 줄이는 것 자체가 일부 사람들에게는 WIP를 제한하는
효과처럼 동작하는 것이다.

　그러나 단순히 작업의 크기를 작게 만드는 것만으로는 충분하지 않다.
아무리 작은 작업도 관리되지 않은 채 쌓이고 쌓이면 결국 우리를 압도하
게 될 것이다. 그러므로 작업의 크기를 줄이는 것은 WIP의 제한과 결합될

때에만 진정으로 효과가 있다. 그래야 작업이 더 빨리 완료되고, 결과를 측정할 수 있게 되며, 머릿속에 실재하는 오버헤드를 최소한으로 줄일 수 있게 된다. 그러나 좀 더 엄밀히 말하면, WIP를 제한하고 작업을 먼저 완료하는 데 주력해야 하며, 작업의 크기 축소는 부차적인 것으로 삼아야 한다.

일을 더 관리하기 쉽게 하기 위해 작업의 크기를 줄이되, 그 과정에 너무 집착하거나 노예가 되어서는 안 된다. 너무 세부적인 것에 빠져 조급하게 일을 처리하는 것은 피해야 한다. 하지만 대부분의 사람들은 한결같이 그들의 업무의 크기, 비용, 영향을 추정하는 데 너무 많은 시간을 소비한다.

또한 사람들은 상황의 변동에 따라 원래 계획들을 끊임없이 수정해야 하는 것을 알면서도, 너무 앞서 구체적이고 철저한 계획을 세우는 우를 범하고 있다. 그러므로 계획을 세울 때도 낭비가 최소화되어야 한다. 그것이 오버헤드가 되어서는 안 된다.

반면, 퍼스널 칸반을 활용하면 영구적으로 계획을 수립하는 상태에 놓이게 된다. 즉, 계획 세우기가 일회성 사전 작업이 아닌 지속적인 업무 흐름의 일부가 되는 것이다. 이를 통해 업무가 서사적narrative 형태를 갖추게 되어 업무의 상황과 배경을 볼 수 있게 되고, 업무의 자연스러운 진화를 보게 되며, 여러 가지 선택지들options 을 볼 수 있게 된다. 이러한 통찰을 기반으로 진정으로 정보에 기반한 의사결정을 내릴 수 있게 되는 것이다.

프로젝트의 상황과 맥락, 그와 관련된 과제, 그리고 그 하위의 세부 작업들은 모두 수시로 변경할 수 있다. 그러므로 계획을 너무 일찍부터 세밀하게 세우지 말고, 더 이상 미룰 수 없는 최대한의 마지막 순간Last

Responsible Moment 에 가서야 세밀하게 계획하고, 추정하고, 업무를 세분화

하자. 계획을 세밀하게 수립하는 것이 가장 효과적일 때, 즉 정보가 충분하

거나, 일을 시작하는 것 외에는 다른 선택의 여지가 없을 때에야 비로소 그

계획을 세밀하게 세우는 것이 좋다.

우선순위 결정의
이론과 실제

▶ 적을 만났을 때, 원안 그대로 싸워 살아남을 수 있는 전투 계획은 하
　나도 없다.　　　　　　　　　　　　　－ 카를 폰 클라우제비츠(Carl von Clausewitz)

우선순위의 기초를 제공하는 것은 선택지들options 이다. 글로벌 다국적
기업을 관리하든 혹은 우리 가족의 주간 일정을 관리하든 그 규모와 상관
없이, 우선순위를 결정한다는 것은 선택지들의 가치를 결정한다는 것을 의
미한다. 취할 수 있는 가능한 선택지들을 우선 조사하고, 그중에서 지금 즉
시 또는 가까운 미래에 집중할 준비가 된 대안 하나를 선택한다.[19] 그리고

---

19) 리얼 옵션 이론real options theory 은 불확실한 상황에서의 옵션(미래에 필요할 것으로 예상되
는 어떤 물건을 미리 정해진 가격으로 구입할 수 있는 권리 – 옮긴이) 거래와 투자 의사결정 방법
에 관한 경영학 이론으로, 개인 업무 관리에도 도움이 되는 교훈들이 많다. 하지만 이 내용만 자세

우선순위를 결정한다는 것은 그 선택지를 실제로 수행하는 것까지를 포함한다. (때로는 그 대안을 선택한 행위 자체만으로도, 그것을 수행하는 것과 같은 가치를 가질 수 있다.)

이번 장에서는 효과적으로 우선순위를 정하는 데 도움이 되는 간단한 기법 몇 가지를 다루고자 한다. 이상적으로는 상황과 맥락에 따라 우선순위를 결정해야 한다. 특히 개인 업무의 상황과 대안들은 끊임없이 변화하기 때문에, 우선순위의 결정 방법 자체도 상황에 맞게 조정될 필요가 있다. 그때그때 상황에 적응하면서 우선순위를 결정할 수 있을 만큼 충분히 유연할 수 있는 것이 관건이다.

왜냐하면,

우리는 지금 이 순간에 꼭 필요하고 적합한 일 right work 을 택하여 수행하길 원하기 때문이다. 그러면서도 가능한 한 많은 선택지들을 수행하기 원한다. 어떤 대안들은 거부할 수 없는 즉각적인 이득이 있을 것이고, 또 어떤 대안들은 장기적인 효과성이 있을 수 있다. 그러므로 수익, 건강, 행복, 가정, 이타주의, 그 외에도 꽤 많은 복잡한 기준들을 바탕으로 우선순위를 정해야 한다. 또한 단기적 효과와 장기적 효과 둘 모두를 고려해야 한다. 효과성이 따르지 않는 생산성만을 맹목적으로 추구한다거나 끝없는 계획을 수립하는 덫을 피해야 한다.

칼이 딸 줄리의 학비를 마련하기 위해 4년간의 재정 계획을 세울 때 하루하루의 세부적인 계획까지 짤 필요가 없던 것처럼, 우리 역시 상황에 맞

히 설명해도 책 한 권이 넘기 때문에 이 책에서는 이에 대해 다루지 않는다.

게 프로젝트가 자유로이 전개될 수 있도록 유연함을 허용하는 편이 더 좋다. 그렇다고 미래에 대한 생각을 뒤로 미루어 버리라는 말이 아니다. 그보다는 감당할 수 있는 수준으로 업무를 잘게 나누고 상황의 변화에 따라 원래 계획을 수정할 수 있도록 준비를 함으로써, 업무를 보다 사려 깊게 다루라는 말이다.

'백로그'를 정리하는 방법은 수없이 많다. 이어서 다룰 시각화는 단지 시작을 위한 작은 마중물일 뿐이다. 이는 시시각각 변화하는 우리 삶의 실제들을 다룰 수 있도록 유연성을 갖추게 해주며, 우리가 취할 수 있는 대안들을 두루 볼 수 있도록 도와줄 것이다.

긴급성과
중요성

2009년 말, 퍼스널 칸반 사용자 중 한 명인 에바 쉬퍼 Eva Schiffer 가 이런 소감을 전해 왔다.

> "저는 TO-DO LIST 방식을 뭔가 칸반스러운 형태로 변형해 봤어요. 이렇게 바꾼 저만의 '백로그' 프레임은 저에게 매우 유효했답니다. 이 프레임은 다음과 같이 4개의 카테고리를 갖습니다."
>
> ① 중요하면서 긴급한 일
>
> ② 중요하지만 아직 여유가 있는 일
>
> ③ 중요하지 않지만 긴급한 일
>
> ④ 중요하지도 긴급하지도 않은 일

"저는 대개 중요하지도 긴급하지도 않은 작업을 주로 하는 경향이 있기 때문에, 이 프레임은 저에게 많은 도움이 됩니다. 이것은 정말로 흥미로운 결과로 이어졌는데요, 제가 완료하는 업무의 양이 전보다 훨씬 늘어나서 놀랐을 뿐 아니라, 업무의 많은 부분이 중요하면서도 긴급한 작업 위주로 바뀌었다는 점이 저에게 매우 중요해요."

에바는 사분면에 자신의 작업들을 배치함으로써 할 일 목록(백로그)을 가시화하고, 이를 통해 업무를 기능적으로 분류하여 우선순위를 정했다. 이는 아이젠하워Dwight D. Eisenhower 장군이 최초 사용했던 프레임으로, 이후 스티븐 코비Stephen Covey 에 의해 유명해졌다. 이 '시간 관리 매트릭스Time Management Matrix '는 업무의 상대적인 긴급성urgency 과 중요성importance 을 강조한다.[20] 코비는 각 사분면에 속하는 활동들의 유형을 정의했고, 이를 바탕으로 우리가 시간을 가장 잘 사용할 수 있는 사항과 피해야 할 사항에 대해서 권고했다.

---

20) 『성공하는 사람들의 7가지 습관』 (원제: Seven Habits of Highly Effective People / 스티븐 코비 지음 / 김경섭 번역 / 김영사), 『소중한 것을 먼저 하라』 (원제: First Things First / 스티븐 코비 지음 / 김경섭 번역 / 김영사)

시간 관리 매트릭스

스티븐 코비 매트릭스

중요성(Important)	질적 향상 (Quality)	필수 업무 (Mission Critical)
	질적 사분면 (Quality)	**필수적 사분면** (Necessity)
	낭비적 사분면 (Waste)	**기만적 사분면** (Deception)
	낭비 (Waste)	사회적 책무 및 만남 (Social Obligations and Meetings)

긴급성(Urgent)

퍼스널 칸반 매트릭스

중요성(Important)	카이젠/개선 (Kaizen)	필수 업무 (Mission Critical)
	개선의 사분면 (Kaizen)	**공황의 사분면** (Panic)
	재생의 사분면 (Organic)	**사회적 투자의 사분면** (Social Investment)
	영감/미래 가치 (Inspiration/ Future Value)	집합적/사회적 가치 (Bulk-Value Options/ Social)

긴급성(Urgent)

업무의 중요한 맥락 중 일부를 시각화하는 데 도움을 준다는 측면에서는 이 프레임을 높이 평가한다. 그러나 다른 한편으로는 그러한 긴급성과 중요성이라는 고정된 기준이, 그 밖의 매우 나양한 가치를 지니거나 혹은 이에 대해 아직은 잘 알 수 없는 활동에 대해 애초부터 그 기회를 차단시킨다는 단점이 있다.

그러므로 시간 관리 매트릭스가 퍼스널 칸반과 결합되이 다른 차원의 가치 기준을 추가하면, 보다 긍정적이고 능동적인 업무 평가 프레임인 '카이젠 매트릭스'가 탄생하게 된다. 이제부터 이 변형된 프레임을 조금 더 자세히 설명하면서, 퍼스널 칸반이 어떻게 코비의 프레임을 확장하는지 탐색해 보자.

중요하면서 시급한 일

(코비의 전통적 해석) 필수적 사분면

이 사분면에는 중요하면서도 시급한 작업들이 배치되며, 예기치 않은 긴급 작업, 마감일이 코앞에 다가온 작업, 분노한 고객의 요구, 중요해지고 긴급해진 잡무(예: 회의실 예약은 원래 잡무에 해당하나, 회의 일정 직전이 되면 비어 있는 장소가 없어 중요해지고 긴급해짐 - 옮긴이)와 같은 필수 업무가 여기에 해당한다. 코비는 이 사분면의 업무들을 수행하는 데 있어 전문성과 가치가 가장 많이 집중되므로 최고의 인력들을 여기에 배치해야 한다고 제안한다. 한편, 이러한 작업들은 스트레스를 많이 받기는 하지만 그만큼 즉각적이고 분명한 보상을 받는다.

(퍼스널 칸반의 새로운 해석) 공황panic의 사분면

코비의 방법론이 이 사분면을 강조하는 반면, 퍼스널 칸반은 스트레스를 유발하는 이 사분면이 왜 강조되어야 하는지 의문을 제기한다. 긴급하고 중요한 작업은 예방할 수 있지 않은가? 그러한 작업들이 꼭 긴급 상황에서만 발생하는 것인가? 그러한 일들은 특정 행동에 의해 야기되지는 않는가? 이러한 작업들이 재발하는 경향이 있지는 않은가? 이러한 측면에서 볼 때, 이 사분면은 단지 우리가 미루거나 우선순위를 낮춰서 긴급 업무가 되는 일들이 아니라, 정말로 피할 수 없이 긴급하고 중요한 업무들로 제한되어야 한다.

미루거나 우선순위를 낮춰 처리하다가 긴급하고 중요하게 되는 작업들은 나중에 회고를 통해 다시 성찰해 볼 수 있도록 반드시 체크해 두어야 한다. 퍼스널 칸반은 이 사분면에는 일반 구성원들을 배치하고 최고의 인력들은 오히려 '중요하지만 급하지는 않은 일'의 사분면에 투입함으로써, 장기적으로 긴급하고 중요한 업무들을 크게 줄여야 한다고 제안한다. 따라서 우리의 영웅들을 여기에 머물게 해서는 안 되며, 우리의 초점도 긴급 상황을 사전에 최대한 피하는 것이어야지 이에 반응하는 것이 되어서는 안 된다.

중요하지만 급하지 않은 일

(코비의 전통적 해석) 품질quality 과 개인 리더십의 사분면

이 사분면에는 중요하지만 급하지는 않은 작업들이 배치되며, 기술의 향상, 병목 제거, 효과성 보장 등과 같은 품질 관련 활동들이 여기에 해당한다. 이것은 잠재적인 개선이나 카이젠(지속적인 개선)이 실현되는 사분면이다.

(퍼스널 칸반의 새로운 해석) 개선의 사분면

퍼스널 칸반에서도 이 사분면은 품질 관련 작업들이 해당된다. 여기에 소비하는 시간과 노력은 미래의 품질에 대한 투자이다. 따라서 이 사분면을 활성화하고 우선순위를 높이는 것이 카이젠의 핵심이다. 다만, 이러한 작업들은 즉각적인 결과보다는 장기적인 결과를 가져오기 때문에, 우선순위가 '긴급하고 중요한 작업'에 밀리는 경우가 많다. 그러나 이 사분면이야말로 관심의 초점이 되어야 한다. 왜냐하면 이 작업들을 무시하면 할수록 그 일들은 공황panic 의 사분면으로 끌려갈 것이기 때문이다. 따라서 이 사분면은 공황의 해독제이다.

급하지만 중요하지 않은 일

(코비의 전통적 해석) 기만적 사분면

이 사분면에는 외부로부터 부과되는 작업들이 배치되며, 전화 통화, 방문자 접견 및 회의와 같은 사회적 기반 활동들이 여기에 해당한다. 코비는 이러한 업무들이 기만적이기 때문에 이를 최소화할 것을 제안한다. 그것들이 생산적인 것처럼 보이지만 실제로는 시간을 낭비한다는 것이다.

(퍼스널 칸반의 새로운 해석) 사회적 투자의 사분면

'급하지만 중요하지 않은 일'에 대한 구분은 주관적이다. 이 사분면의 업무들은 분명히 낭비적일 수도 있지만, 반드시 그렇다고 어떻게 장담할 수 있는가?

물론 실제로 많은 경우에 전화 통화나 방문자 접견, 주제에서 벗어난 회의들이 미래의 기회로까지 이어지지 못할 수도 있다. 예를 들어, 8번의 저녁 식사를 통해 8명의 잠재 고객들을 만날 수 있으나, 그들 중 누구에게서도 연락을 받지 못할 수 있는 것이다. 그러나 그로부터 6개월 후 그중에서 한 통의 전화를 받게 되고 그 통화로 인해 수백만 달러 상당의 계약을 맺게 된다면, 그럼 나머지 7번의 만남은 모두 시간 낭비였을까? 그 한 번만을 위한 회의를 해야 했을까? 만약 그렇다면 8번의 만남 중 어느 것이 그 '가치 있는 만남'인지 어떻게 미리 알 수 있겠는가? 그렇게 본다면, 사실 이 모든 만남들이 사회적 선택지들의 포트폴리오에 대한 투자였던 것이다.

중요하지도 않고, 긴급하지도 않은 일

(코비의 전통적 해석) 낭비적 사분면

이 사분면의 업무들은 '시간 낭비'로 간주된다. '쾌락을 위한 활동들 pleasant activities'도 여기에 속한다. 무언가 분명한 가치를 창출해 내는 것도 아니고, 심지어는 생산적으로 몰입하여 일하는 것을 방해하는 것처럼 보이 기도 한다.[21] 따라서 코비는 이 사분면에 해당하는 활동들을 피하라고 강력히 권고한다.

(퍼스널 칸반의 새로운 해석) 재생의 사분면

그러나 이것은 삶에 관한 것이다. 삶의 관점에서 낭비나 가치의 개념을 재정의해야 한다. 어떤 사람들은 온라인 게임을 하거나 웹 서핑을 하는 것 이 비생산적이라고 생각할 것이다. 그러나 워크래프트 World of Warcraft 게 임을 통해 알게 된 사람과 결혼을 하거나, 트위터 Twitter 를 통해 자신들을 소개하여 비즈니스 기회를 얻은 이야기들이 무수히 많다. 그러므로 이 사

---

21) 『성공하는 사람들의 7가지 습관』 (원제: Seven Habits of Highly Effective People / 스티븐 코비 지음 / 김경섭 번역 / 김영사)

분면이 낭비로 치부될 수도 있지만, 한편으론 미래에 보다 분명한 가치로 진화할 수도 있는 그런 즐거움(즐거움은 좋은 것이다!)을 찾는 활동 중 하나일 수도 있는 것이다.

따라서 이 사분면을 다양한 대안들이 발아하고 성장할 수 있는 정원처럼 생각하자. 많은 씨앗들이 있고 풍부한 비료와 비옥한 토양이 있다. 코비는 이 중에서 비료의 중요성만을 인정한다. 하지만 이 사분면은 이전에 상상하지 못했던 새로운 대안들을 발견하기 위한 실험이 이루어지는 곳이다. 대안들은 항상 계획 속에서만 발견되는 것이 아니며, 대개는 우연 속에서 발생한다. 다른 세 개의 사분면에서는 업무를 발굴하지만, 여기에서는 영감을 얻을 수 있다. 여기는 재생organic의 사분면이다.

당신 자신의
삶을 살자

▶ 즐겁게 보낸 시간은 소모적이지 않다.　　　　　　－ 존 레논John Lennon

　　코비의 시간 관리 매트릭스는 어떤 사분면의 우선순위를 높게 두고 어떤 사분면을 피해야 하는지를 구체적으로 지시한다. 하지만, 일부 사분면이 좀 더 지배적일 수는 있어도, 균형 있는 삶을 위해서는 네 사분면 모두가 필수적이다. 한편, 퍼스널 칸반의 관점이 가미된 새로운 매트릭스에서는 각 사분면이 가치와 낭비를 모두 제공할 수 있는 일종의 생태계와 같은 역할을 한다. 그러므로 이 매트릭스를 최적화하기 위해서는, 긴급 상황을 최대한 예방하고, 개선에 집중하며, 동시에 건강한 사회적 상호작용과 새로운 대안 탐색을 위한 시간을 허용해야 한다. 무엇보다 이 모든 것에 적절한 시간을 안배하고 우선순위의 균형을 맞추는 것이 필수적이다.

우선순위 필터 Priority Filters

앞서 살펴본 시간 관리 매트릭스는 업무들을 분류할 수 있는 방법을 제공하기는 하나, 그 고정된 사분면이 업무의 흐름flow 을 표현하지는 못한다. 예를 들어, 코비는 하위의 두 사분면의 가치를 낮게 평가하며 그 안에 포함된 작업들이 거의 또는 전혀 가치가 없다고 주장한다. 그러나 우리는 시간이 지남에 따라 이 업무들의 가치도 서서히 커질 수 있다고 생각한다.

업무의 우선순위를 정하는 데는 업무의 가치가 중요한 기준이 된다. 우리는 가치가 높은 작업을 우선하여 선택한다. 하지만 많은 경우, 업무의 가치와 우선순위는 고정된 사분면이 아닌 흐름을 통해 명백해진다. 가치와 우선순위가 상황의 변화에 따라 진화하는 것이다.

칸반 보드의 가치 흐름 앞부분에 우선순위 열을 추가한 코리 라다스 Corey Ladas 의 '우선순위 필터Priority Filter '는 우선순위를 흐름으로 시스템화한 것이다.[22] WIP 제한과 유사하게 업무의 개수가 각각 제한된 우선순위 열들은 작업들이 '백로그'에서부터 출발하여 '진행 중'으로 흘러 들어가는 흐름을 보여준다. 연속적인 우선순위 필터 열들은 각각 그 용량이 크지 않기 때문에(그림의 예에서는 8개, 5개, 3개로 각각 설정됨 - 옮긴이), 작업을 당길 pull 때 현재의 업무 우선순위를 분석하여 이를 신중하게 선택할 필요가 있다. 이 우선순위 필터는 우리가 다른 부가적인 행동을 추가하지 않고서

---

22) 『Scrumban : Essays on Kanban Systems for Lean Software Development』 (코리 라다스 지음 / Seattle: Modus Cooperandi Press)

도 자연스럽게, 하루 종일 우리의 상황이 어떻게 변화하는지를 고려해 가며 우선순위가 높은 일에 집중할 수 있게 해준다. 우선순위 필터는 이러한 나름의 심도 있는 시각적 증류visual distillation 과정을 통해 '백로그'로부터 우선순위가 높은 작업을 골라낼 수 있도록 돕는 것이다.

(8) 우선순위 3	(5) 우선순위 2	(3) 우선순위 1	오늘할 일	(3) 진행 중	완료

우선순위 필터는 코비의 시간 관리 매트릭스처럼 업무의 절대적 가치를 평가하고 분류한다거나, 이를 기준으로 하여 어떤 작업을 먼저 해야 하는지의 우선순위를 고정하지는 않는다. 대신, 상황을 기반으로 유연하게 대응하며, 어느 때든 그 순간에서의 우선순위에 대한 전제와 기준을 볼 수 있도록 돕는 것이다.

GTD 우선순위

데이비드 앨런David Allen 이 창안한 'GTD Getting Things Done '는, 할 일 목록(백로그)을 체계적으로 관리하고 미래 업무에 대한 아이디어를 어떻게 포착해 내는지에 대해 정리한 방법론이다.[23] 그렇기 때문에 GTD도 퍼스널 칸반처럼 업무가 '어떻게' 그리고 '왜' 진행되는지에 대한 이해를 향상시켜 준다.

GTD는 활성화active 되어 있는 업무와 비활성화inactive 되어 있는 업무가 다량으로 섞여 있는 '할 일 목록(백로그)'을, 특정한 원칙들을 가지고 검토하고 분류하여 나름의 정리된 목록과 폴더에 적절히 나누어 기록하고 관리한다. 이는 마치 아이디어를 위한 와인 저장고와 같다. 시간이 지남에 따라 더욱 숙성될 수 있는 다양한 대안들을 일관성 있게 저장해 준다.

퍼스널 칸반과 GTD는 둘 다 과도한 업무로 인해 발생할 수 있는 혼돈과 마비 상황을 최소화하려고 한다. 따라서 이 두 가지 방법론을 결합하여, 대형 장기 프로젝트를 GTD 폴더에 저장하고, 효과적으로 처리할 준비가 되었을 때 퍼스널 칸반으로 옮겨 처리하는 방식으로 통합하여 운영할 수도 있을 것이다.

---

23) 『쏟아지는 일 완벽하게 해내는 법』 (원제: Getting Things Done / 데이비드 앨런 지음 / 김경섭, 김선준 번역 / 김영사)

작업 유형을 색과 모양을 이용하여 구분하기

지도가 특정 유형의 정보를 전달하기 위해 색과 모양을 사용하는 것처럼, 퍼스널 칸반도 색과 모양을 활용할 수 있다. 화이트보드, 플립 차트, 온라인 기반 시스템 등 당신이 사용하는 것이 무엇이든 상관 없다. 색과 모양은 작업, 프로젝트, 협업자

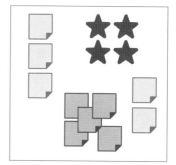

또는 우선순위를 구분하는, 매우 간단하지만 강력한 방법이다. 이를 지속적으로 미루거나 혹은 외부의 도움이 필요한 작업과 같이, 특정 패턴을 드러내기 위해서도 활용할 수 있다.

예를 들어, 나는 행정적인 잡무들을 극도로 싫어한다. 기계부 작성, 세금 신고, 청구서 작성 및 제출 등의 잡무들이 생기면, 나는 아마도 꼭 해야만 하는 최후의 순간까지(혹은 그보다 좀 더 지나서까지도) 그것들을 미루고 쌓아 둘 것이다. 그래서 내 퍼스널 칸반에서는 그런 끔찍한 작업들을 밝은 오렌지색 별 모양의 메모지로 표기해 놓았다.

물론 모든 사람들이 나처럼 달갑지 않은 작업들을 최후의 순간까지 질질 끄는 것은 아니겠지만, 그들도 그런 일들의 우선순위를 쉽게 낮춘다는 것만은 분명하다. 따라서 그런 일들을 눈에 띄는 색이나 특별한 모양에 표시해 둔다면, 그 일들이 밀려 쌓여가는 것을 쉽게 직면하게 될 것이다. 이렇게 시각화해 놓으면, 이를 악물고 어쩔 수 없이 처리해야 하는 순간에 이르러서야 그 일들을 비로소 인지하는 것이 아니라, 찜찜하고 부담스러운

실재적 오버헤드의 무게를 시시각각 볼 수 있게 된다.

　이처럼 간단한 방법들을 활용하여 특별히 주의해야 하는 특정 종류의 작업에 대해 관심을 주목시키고 환기시켜 보자. 때로는 간단한 시각적 강화만으로도 필요한 행동에 대해 충분히 압박할 수 있다.

고급 기술:
퍼스널 칸반에서의 지표

▶ 단지 보는 것만으로도 많은 것들을 관찰할 수 있다.

– 요기 베라Yogi Berra

 업무와 관련된 지표metric 는 업무의 진행 상황을 나타내고 성과를 검증하며, 목표에 근접한 정도를 측정하고 행동이 개선될 수 있는 포인트가 어디인지를 명확하게 보여준다. 앞에서 살펴본 바와 같이, 업무의 진척progress 은 상황적 맥락과 연관이 깊다. 그렇기 때문에 업무지표는 상황의 변화를 반영하고, 실제 진행 정도가 우리의 예상이나 기대와 얼마나 차이가 있는지를 보여줘야 한다. 예를 들어 보자. 칼은 자신의 딸을 대학에 보내는 목표에 얼마나 가까이 왔는지를 보고 싶어 한다. 토니안은 건강한 가정을 되찾기 위한 목표에 얼마나 가까이 왔는지를 보고 싶어 한다. 그들은 퍼스널 칸반을 통해 지금까지 무엇이 행해졌는지, 그리고 목표에 도달하기 위해 무엇이 남았는지를 추적할 수 있다. 이러한 유형의 '상황적 지식'은 아마도 우리가 가진 가장 중요한 업무지표 중 하나일 것이다.

한편, 운전할 때 길을 보는 것이 이러한 상황적 지식에 해당하고, 계기판의 연료 게이지는 또 다른 지표에 해당한다. 마찬가지로, 업무를 시각화하는 것과 함께 여러 가지 지표들을 조합하여 사용하면 현재 상황을 보다 잘 이해할 수 있게 된다. 특히 잘 선정된 지표는 과거의 값들을 추적하여 현재의 가설을 검증하고, 미래의 잠재적 결과를 예측할 수 있게 해준다.

하지만 수집만 하고 사용하지 않는다면 그 지표는 낭비다. 따라서 지표 선정에 주의를 기울여야 한다. 또한 기존에 이미 사용하고 있는 지표들도 여전히 활발하게 그리고 적합하고 유의미하게 값을 추적하고 가설을 검증하고 있는지 계속 확인해야 한다. 그리고 만약 새롭게 변화가 일어나고 있음을 느낀다면 이를 검증하기 위한 대상을 설정하고 새롭게 지표를 선정하여, 이를 측정하고 그 값들을 추가적으로 추적하기 시작해야 한다. 그리고 그 지표가 유의미한 것으로 판단되면 측정을 지속해야 할 것이다.

※ 주의: 충분한 상황적 지식이 없이 단순히 지표에만 너무 많이 의존하는 '지표만능주의metric-blindness'에 빠져서는 안 된다.

퍼스널 칸반은 업무의 흐름work flow을 추적할 뿐만 아니라, 실용적인 데이터를 많이 생성한다. 이를 통해 우리는 미흡한 부분은 물론 성공적인 부분의 근본 원인에 대해서도 통찰을 얻게 된다. 그러면 미흡한 활동들은 개선할 수 있고, 검증된 좋은 프로세스들은 정착시킬 수 있다. 또 이러한 데이터를 근거로 하여 시간에 맞춰 실현 가능한 현실적인 목표를 설정할 수 있으며, 성과에 대해서도 체계적으로 개선해 나갈 수 있는 기회를 얻게 된다. 다시 말해, 정량적 측정quantitative measures 과 이보다 더 많을 경험적 측정experiential measures 을 통해 이러한 통찰과 기회들이 비롯될 수 있다.24)

그럼에도 불구하고, 본래 퍼스널 칸반은 '업무를 시각화'하고 'WIP를 제한'하는 단 두 가지 규칙만을 가진 가벼운 시스템이다. 그래서 이를 보다 명시적으로 확장하고자 하는 분들을 위해 업무를 분석하는 데 도움을 줄 수 있는 다음과 같은 몇 가지 지표들을 제안한다.

첫 번째 추천 지표: 당신의 느낌, 직관!

▶ 진정 가치가 있는 유일한 것은 직관이다.

― 알버트 아인슈타인Albert Einstein

업무를 투명하게 볼 수 있게 되면 그 이면의 패턴을 읽어내는 것도 한결 쉬워진다. 그렇기 때문에 퍼스널 칸반을 이용하면 보다 '직관적'으로 업무의 흐름을 개선할 수 있는 방법을 발견하게 된다. 이것은 당신의 느낌이자,

---

24) CFD Cumulative Flow Diagram (특정 기간의 할 일, 진행 중, 완료의 업무 수를 누적하여 표시한 그래프 ― 옮긴이)를 포함한 더 많은 측정 방법에 대해서는 http://personalkanban.com 홈페이지의 정보 참고

여섯 번째 감각이자 본능이다. 그리고 이것이 바로 첫 번째 출발선이다.

왜 직관을 의미 있는 지표라고 제안했을까? 몇 페이지 앞에서는 이와는 반대로 직관이 얼마나 신뢰할 수 없는 주관적인 지표가 될 수 있는지에 대해 설명했었는데 말이다. 그 차이는 바로 정밀함precision에 있다. 정확한 걸음 수를 측정할 때는 만보계의 기능에 비해 턱없이 부족하지만, 우리가 많이 걸었던 때가 '언제인지'를 가늠할 때는 직관이 보다 정확하게 말해 줄 수 있다. 같은 맥락에서, 직관은 우리에게 어떤 것이 개선되어야 할 때가 언제인지를 유의미하게 말해줄 수 있다. 다시 말해, 직관 그 자체가 절대적으로 신뢰성이 높다거나 혹은 그렇지 못하다기보다도, 직관의 신뢰성 차이는 가설이 무엇을 기반으로 하느냐에 달려 있는 것이다. 즉, 직관으로 정확한 수치를 예측하는 대신에, 패턴을 알아차리고 이를 기반으로 가설을 형성하여 퍼스널 칸반으로 그 가설의 타당성을 입증하거나 기각한다면, 이로부터 많은 개선을 만들어낼 수 있다.

일반적으로 무언가를 잘 알지 못한 채 그것을 행동으로 무작정 옮기는 경우는 그리 많지 않다. 그러나 숫자, 차트, 그래프에 의해서만 그러한 것들을 알아챌 수 있는 것은 아니며, 직관을 통해 잠재적 개선점을 먼저 발견해 낼 수도 있는 것이다. 그러니 직관을 얕보지 말자. 너무 골똘히 생각하지 않고 반사적인 직관을 통해 의미 있는 변화를 만들어 내는 카이젠도 있는 것이다.

두 번째 추천 지표: 프로세스 실험

▶ 매일 매일 학습하고 생각하고 계획을 수립한다면, 운명의 노선을 바
꿀 수 있는 힘을 개발하여 사용할 수 있게 될 것이다.

— W. 클레멘트 스톤 W. Clement Stone

2장에서 '오늘 할 일TODAY' 열에 대해 다룬 적이 있다. 퍼스널 칸반의
기본적인 가치 흐름인 '대기READY' → '진행 중DOING' → '완료DONE'
에서 '대기'와 '진행 중' 사이에 '오늘 할 일TODAY' 열을 하나 더 끼워 넣게
되면, 업무의 가치 흐름에 우선순위의 설정을 결합시킬 수 있을 뿐 아니라
일종의 측정 역할도 수행할 수 있다.

인간의 생리적 기능을 조절하는 24시간 주기의 생체 리듬은 우리로 하
여금 자연스럽게 하루a day 의 개념을 따르게 한다. 인간은 아침에 일어나
면 오늘 해야 할 몇 시간 앞의 일들을 머릿속으로 정리해 보는 자연스러운
경향이 있는데, 이렇게 제빨리 하루 치의 과업들을 정리하고 나서 그것을
'그날에 달성하고 싶은 것'이라고 생각하게 된다. 그러면 그것은 곧 그날의
목표가 된다. 바로 이 목표 작업들을 '오늘 할 일' 열에다 배치하는 것이다.
그러면 하루 동안 와수할 수 있을 것으로 기대되는 작업에 대해 진척을 추
적할 수 있을 뿐 아니라, 하루 동안 실제로 얼마나 많은 일들을 수행할 수
있는지를 가늠할 수 있는 기준도 얻게 된다.

한편, 우리가 매일의 목표들을 전부 또는 거의 달성했는지 알아보기 위

해 '오늘 할 일' 열을 추가했듯이, 성공이나 실패에 대한 또 다른 가설을 점검해 보기 위해 이를 시각화하는 열을 더 추가할 수도 있다.

최근 한 고객과 관련한 예를 들어보자.

그 고객의 회사에 예산 승인 업무를 담당하는 한 사람이 있었는데, 그는 승인 업무를 하는 데 있어 지나치게 통제권을 휘둘렀다. 그래서 그는 안 좋은 의미로서 '문지기gatekeeper'라 불렸다. 하지만 개인의 인권은 소중하며 보호받아야 하기에, 이제부터는 그를 '레지날드(가명)'라고 부르기로 하자. 세부적인 사항에 매우 민감한 것으로 악명이 높은 고집불통 레지날드 씨는 비용을 통제하기 위해 너무나도 열심히 노력을 하는 바람에, 오히려 그것이 또 다른 낭비를 발생시켰다.

만약 100페이지짜리 프로젝트 기획안을 제출했는데 97번째 페이지에 사소한 비용 하나가 누락됐다면, 레지날드 씨는 그 미흡한 페이지로 돌아가 의구심이 드는 숫자에 대해 묻고 이를 바로 수정하여 예산 요청을 승인하기보다는, 그냥 그 문서를 통째로 반려시킨다.

사실 그 숫자에 대해 묻는 것은 5분도 채 안 걸린다. 하지만 그 문서를 다시 수정하여 제출하게 되면 레지날드 씨의 결제 수신함 가장 아래쪽으로 들어가는 사이클을 반복할 것이고 그는 그 서류를 다시 첫 페이지부터 검토하기 시작할 것이다.

이와 같은 지연은 시간 소모이자 비용 소모이기도 하다. 이러한 지연은 일을 '진행 중DOING'에 더 오래 머물게 하며 WIP를 잠식한다. 이런 식으로 일하는 것은 지속성 sustainability 을 해친다.

당시 그 고객의 업무 가치 흐름을 파악하는 과정에서, 그녀는 레지날드 씨야말로 가치 흐름상의 가장 큰 제약이라고 설명했다. 그녀는 무슨 일을 해야 할 때마다 레지날드 씨에게 예산 지원을 요청해야 하는 경우가 많았기 때문이다. 심지어는 그녀가 그토록 답답해하는 그 지연으로 인해 회사가 얼마나 많은 비용을 낭비하는지 알 수 있도록, 레지날드 씨를 이사회에 신고해 버릴 생각까지 한 적도 있으며 그럴수 없다는 것에 대해 심히 유감스러워할 정도였다.

방법이 하나 있다!

우리는 그녀 팀의 퍼스널 칸반에 '예산 지원 요청 검토' 열을 새롭게 하나 추가했다. 이제부터는 예산 지원 요청이 지연되면, 레지날드 씨를 포함한 그 지연의 이유가 모두에게 명백히 보이는 것이다.

콕 짚어 말하기에 다소 명확하지는 않지만 늘 발생하고 있는 이와 같은 성가신 일들을 이제는 눈으로 확인하고, 다룰 수 있는 가설로 변환되는 것이다. 다시 말해, 레지날드 씨의 행동을 시각화함으로써 그것이 팀에 미치는 영향이 다음과 같이 명백해졌다.

'레지날드 씨의 세부 사항에 대한 강박적인 요구 때문에, 작업들이 평균 3일은 지연된다.'

세 번째 추천 지표: 주관적 안녕감 'SWB Subjective Well-Being'

▶ 행복은 누가 만들어 주는 기성품 같은 것이 아니다. 자기 스스로의 행동으로부터 오는 것이다. — 달라이 라마Dalai Lama

모더스 코오퍼앤드아이Modus Cooperandi에서 근무하던 2009년, 그해 연말에 있었던 한 회고retrospective 회의를 통해 나는 다음과 같은 사실을 알게 되었다.

'즐기지 않는 일을 하는 것은 결국 효과성을 떨어뜨린다.'

이런 종류의 일에는 보통 잘하지 못하는 일이나, 완수하기 어려운 프로젝트, 싫어하는 사람들과 함께 일하는 것 등이 포함된다. 이는 단지 재미없는 일을 하고 싶지 않다는 것을 의미하지 않는다. 내가 말하고 싶은 건, 즐길 수 없는 일은 실재적인 오버헤드를 증가시킨다는 것이다. 두려워하는 어떤 일을 할 때가 되면 우리는 불안해지고 짜증 나고 신중하지 못하게 된다. 다시 말해, 즐기지 못하는 일을 수행하는 데에는 그만큼의 기회비용이 들어간다.

밥Bob의 예를 들어 보자.

밥은 세금 처리 업무를 정말로 싫어하지만, 이는 분기마다 반드시 처리되어야 하는 일이다. 그는 과거의 경험을 통해 온라인으로 세금 신고를 하는 데 대략 한 시간 정도가 소요된다는 것을 알고 있다. 한편, 그는 컨설팅 사업을 통해 시간당 10만 원 정도를 벌고 있으며 세금 처리 업무를 회계사에게 의뢰할 경우 20만 원의 비용을 지불해야 한다. 이때, 하기 싫은 고통을 감수하고 스스로 세금을 처리하는 것이 비용 측면에서 더 효율적인 것으로 보일 수 있겠지만, 이것은 밥이 한탄하며 소비하는 시간을 고려하지 않은 것이다. 심지어는 이 일을 끝내고도 감정적으로 회복될 때까지 또 다른 시간을 소모할 것이다. 거기에다 국세청 직원들이 세금 신고를 처리하기 위해 그의 사무실에 방문할 때까지 일주일 동안 '신청서는 제대로 작성한 건지'를 또다시 걱정하며 잠도 설친다. 그 덕에 흰머리까지 생겨났다. 결국 그 모든 시간과 스트레스를 다 합치면 회계사에게 업무를 맡겨 지불하는 비용보다 훨씬 크다.

그러하기에 밥은 다음 분기에는 회계사를 구하는 것을 진지하게 고려해야 할 것이다.

자, 이제 'SWB 박스'라는 간단한 지표 도구를 도입해 보자. 주관적 안녕감(SWB: Subjective Well-Being)은 심리적인 개념으로, 개인의 현재 정신 상태를 그들에게 직접 물어봄으로써 정성적qualitative 측정을 하는 것이다. 다시 말해, 기분이 어떠냐고 스스로에게 묻고, 꽤나 좋다고 대답한다면 그것이 바로 주관적 안녕감(SWB) 지표의 기초가 된다.

SWB 박스는 우리의 기분에 영향을 주는 것이 무엇인지를 파악하여, 궁극적으로는 기분이 '아주 좋다', '좋다', '최고다'라는 상태가 유지될 수 있도록 업무와 삶을 최적화 시켜준다. 이것은 또한 우리가 이유도 없이 하기 싫어하는 부담스러운 작업들이 무엇인지 인지할 수 있게 해준다. 또한 SWB 박스를 통해, 이러한 부담들이 어쩔 수 없는 삶의 굴레가 아니라 그냥 단지 그러한 작업들이 있을 뿐이라는 사실을 분별할 수 있게 된다. 어떠한 것에서 한 발 떨어져 그 주변에 서서 살펴봄으로써, 그것들을 더욱 잘 분별할 수 있게 되는 것이다.

이를 수행하는 방법은 무척 간단하다. 우선 퍼스널 칸반 근처에 네모 상자 하나를 그린다(그림 대신 실제로 물리적인 상자를 마련하는 것도 좋다). 그 다음에 퍼스널 칸반 위에 있는 작업 하나를 완료하게 되면 그것이 긍정적 경험이었는지 혹은 부정적 경험이었는지, 또 왜 그런지에 대해 조금은 과장되게 메모를 추가한다. 그런 다음, 이 점착식 메모지를 앞서 그린 'SWB 박스'로 옮긴다.

이제 SWB 박스에 쌓인 모든 작업에 대해 스스로에게 물어보자. '내가 왜 이 작업을 좋아하거나 싫어했을까?', '작업 자체보다는 이와 관련된 사람이나 자원이 나의 기분에 긍정적 또는 부정적 영향을 준 건 아닐까?', '앞

으로 이런 작업은 내가 직접 수행하기보다 다른 누군가에게 위임하는 게 낫지 않을까?'

회고retrospective 의 기회를 가질 때에는 이 SWB 박스의 내용들을 다시금 살피며, 유사한 메모가 적힌 작업들을 그룹화해 보자. 그룹화가 되지 않고 패턴이 보이지 않는 업무들은 없애지 말고 SWB 박스에 계속 남겨 둬라. 그리고 이 작업을 할 땐, 다음의 질문들을 함께 고민해 보자.

- 언제 이러한 업무를 거부할 수 있을까?
- 언제 이러한 일들을 위임할 수 있을까?
- 어떠한 변화가 성공을 이끄는 데 도움이 될 수 있을까?
- 어떤 프로세스를 새롭게 다시 만들고 싶은가?
- 나의 경력에 있어 어떤 선택지들이 실제로 존재하는가?
- 어떻게 일과 가정, 휴식과 자기 계발의 균형을 맞출 수 있을까?

패턴이 보일 때까지 여러 번의 회고가 필요할 수도 있다. 인내심을 가져라. 이것을 통해 일하는 방식에 대한 통찰을 얻을 수 있고, 당신을 행복하게 해주는 요인들을 찾을 수 있으니, 부디 쉽게 놓아 버리진 말자.

놀라지 말라. 당신이 즐기는 일이 결국엔 잘하는 일로 변화될 것이다. 당신의 강점을 찾게 되면 그것을 더욱 잘 키울 수 있고, 잘하는 일을 하면 할수록 일을 즐기게 된다. 그리고 이렇게 즐기게 된 일을 하면 할수록, 이는 다시 더 잘하게 되는 선순환을 만든다.

네 번째 추천 지표: 시간

▶ 고양이 꼬리를 잡아 들고 옮기는 사람은 다른 방법으로는 배울 수 없
  는 무엇인가를 배우게 된다.　　　　　　　　– 마크 트웨인Mark Twain

퍼스널 칸반에 대한 모든 통계치들을 얻고 싶다면, 점착식 메모지에 업
무를 작성할 때 다음의 시간 항목들을 함께 표기하고, 그 업무가 가치 흐름
의 각 단계를 거쳐 갈 때마다 해당 날짜를 추가 기록하라.

- Born – '백로그'에 이를 처음 생성하여 붙인 날짜
- Begin – '대기' 칸으로 당긴 날짜
- WIP – '진행 중' 칸으로 옮겨 업무를 시작한 날짜
- Done – 업무를 완료하여 '완료' 칸으로 옮긴 날짜

이 4가지 날짜 데이터를 가지고 업무
의 '리드 타임lead time '과 '사이클 타임cycle
time '을 분석해 낼 수 있다. '리드 타임'은 작
업이 '백로그'에서 출발하여 '완료'에 도달
하기까지 소요된 시간('백로그'+'대기'+'진행
중'에 머무른 시간)이며, '사이클 타임'은 '대기'

'업무명'
＿＿＿＿＿＿＿
Born : 10월 15일
Begin : 10월 15일
WIP : 10월 17일
Done : 10월 22일

에서 출발하여 '완료'에 도달하기까지 소요된 시간('진행 중'에 머무른 시간)이다.
물론, '리드 타임'과 '사이클 타임', 두 지표는 모두 유용하다(예를 들어, 집

안일을 처리하는 데 얼마나 걸리는지, 얼마나 자주 업무 때문에 망연자실하게 되는지를 이를 통해 살필 수 있다). 그럼에도 불구하고 당신이 처리할 수 있는 업무량, 즉 업무 쓰루풋throughput 을 이해하는 것이 효율을 측정하는 데 우선적으로 필요하므로, 이 둘 중에서 사이클 타임[25]으로 시작하는 것을 추천한다. 사이클 타임은 작업이 완료되는 데 실제로 얼마나 걸리는지를 알려줌으로써, 추정의 정확도와 그 추정 뒤에 깔려 있는 전제에 대해 더 잘 이해하게 해줄 것이다. 또한 사이클 타임은 업무 쓰루풋throughput 에 대한 보다 실질적인 감을 주어, WIP의 제한값을 최적화하고 재설정하는 데 도움을 줄 수도 있다. 그런데 주의해야 할 점이 있다. 개인 업무는 변동성이 굉장히 높기 때문에 통계치들을 신중하게 분석하고 적용해야 한다. 모든 작업의 사이클 타임을 평균으로 내면, 여기에는 '근처 식당 예약하기'에서부터 '칠레 출장 이동'까지 굉장히 극단적인 작업들의 시간이 합쳐지게 되어 통계가 무의미하게 나올 가능성이 높기 때문이다.

행동하고 측정하자

이러한 지표들을 갖춘다면, 특정 작업에 대해 다시 검토하고 평가를 시

---

25) 옮긴이주: 리틀의 법칙Little's law 에 따르면, 업무의 쓰루풋 즉 처리량은 사이클 타임과 반비례한다. '(쓰루풋) = (WIP) / (사이클 타임)' 공식에서 유추할 수 있듯이, 분자인 WIP를 제한했을 때 분모인 사이클 타임이 작을수록 쓰루풋이 높아지게 된다. 그리고 업무의 사이클 타임을 빠르게 하기 위해 낭비적인 요소를 찾아 개선하는 과정에 있어, 업무의 크기도 일정 수준을 넘지 않게 제한할 것을 권고한다. 업무의 크기가 커질수록 복잡도가 높아져 사이클 타임을 예측하고 통제하기가 어려워지기 때문이다.

작할 수 있다. 기대에 못 미치는 작업이나 우리에게 부담을 주는 작업에는 항상 그 이유가 있다. 그것이 우리 내부의 요인으로 인한 것이든 우리가 통제할 수 없는 외부 요인에 의한 것이든 항상 그 이유가 있다. 그리고 감사하게도 그 이유는 많은 경우에 개선될 여지가 있다.

퍼스널 칸반 Tips

---

❶ 아무리 전문가의 추정이라고 해도 관찰과 측정을 뛰어넘지는 못한다.

❷ 시각적 통제가 추측을 줄이고, 명확성을 높인다.

❸ 명확성이 우선순위의 설정, 업무의 완수, 효과성을 촉진한다.

❹ 초기에 완벽하게 수립하는 상세한 계획보다 실시간적인 유연성의 발휘가 더 낫다.

❺ 지표가 꼭 복잡할 필요는 없다.

❻ 직관으로 가설을 세우고 측정을 통해 이를 확인하는 것도 유용한 접근 방법이다.

❼ 행복감이 성공의 가장 좋은 척도일 수 있다.

CHAPTER 07

지속적인
개선

우리는 용을 길러, 영웅으로 하여금 그 용을 해치우게 한다!

우리는 영웅을 사랑한다. 그렇기 때문에 영웅들이 극단의 상황에서도 승리할 수 있도록 시간과 돈은 물론 믿음까지도 쏟아붓는다. 그들의 역할을 과장하거나 우리 자신을 과소평가하면서까지 그들을 빛나게 하여, 그들의 재능을 신격화하는 것이다.

특히 게으른 리더들은 이런 식으로 조직을 관리하기 때문에 많은 욕을 먹는다. 그들은 기존 조직원들의 역량을 개발하고 육성하기보다는 습관적이고도 성급하게 새로운 영웅을 구한다. 온라인 구직 사이트를 가득 메운 소셜 미디어계의 '구루guru', IT계의 '닌자', 마케팅계의 '록스타rock star'를 찾는 초호화스러운 홍보 글들만 재빠르게 훑어보아도, HR Human Resource

영역에서 이러한 영웅 숭배가 여전히 살아있고 유효하다는 것을 쉽게 알 수 있다.

A급 프로그래머를 예로 들어보자. A급 프로그래머란 그들이 짜는 프로그램의 품질(에 대한 평판), 그들이 일하는 속도(에 대한 평판), 그들의 상사가 요구하는 것을 정확하게 완수해내는 능력(에 대한 평판) 등의 기준에 의해 규정되는데, 이러한 A급 프로그래머들은 소프트웨어 설계에 있어 '성배'와 같은 존재다. 하지만 A급 프로그래머가 되기 위한 시험이나 인증이 따로 있는 것은 아니기에, 사실상 그들을 구분하는 것은 대체로 '기적처럼 들리는 그들의 능력에 대한 소문'에 근거한다. 즉, 소문과 주장에 근거한 단순하고도 편리하며 비과학적인 구분일 뿐이다. 물론, 정말로 스트레스가 많은 상황에서 다른 사람들보다 안정적으로 우수한 성과를 보여주는 프로그래머 그룹이 있다는 사실 자체를 부정하는 것은 아니다.

자, 그렇다면 진정 A급 프로그래머들은 누구인가? 그들의 활동은 정말 영웅적이고 위대한 것일까?

그레이 힐 솔루션즈Gray Hill Solutions에서 근무할 때, 우리도 위기에서 우리를 구원할 진짜 영웅을 찾았던 적이 있다. 그렇게 선발된 과대평가된 사람이 있었고, 원래부터 있던 과소평가된 사람도 있었다. 그들 모두와 함께 몇 년 동안 근무를 하다 보니 재미있는 사실을 하나 깨닫게 되었다. A급 프로그래머는 단순히 프로그래밍 능력이 뛰어난 사람이 아니었다. 그들은 프로젝트 초반에 그 소프트웨어를 왜 만들려고 하는지 이해하기 위해 많은 시간을 할애한다는 점에서 탁월했다. 그들은 초반부터 프로젝트의 명확성

clarity 을 추구했고, 그와 관련된 중요한 정보를 수집하여 그것을 소프트웨어 설계에 통합했다. 관련 정보를 쉽게 구할 수 없는 경우에는 연역적 추론을 통해 이를 얻기 위한 계획을 고안하기도 했다. 일단 그렇게 프로젝트의 의도를 이해하고 명확성을 확보하게 되면, 다른 새로운 방식으로도 그 의도를 충족시킬 수 있는 혁신의 자유를 얻게 되었고, 이것이 동료들을 뛰어넘는 역량으로 이어졌다.

그들에게 작동하고 있는 진정한 영웅적 힘의 원천은 '숨겨져 있는 명확성을 찾아내는 메타인지'였다. 이것을 깨닫게 되었을 때, 우리는 팀 전체에 명확성을 제공하기 위해 시각적 통제 장치인 칸반을 도입하게 되었다. 그 결과, 오래 지나지 않아 C급 개발자가 A급으로 상승하거나, 심지어 그들을 능가하는 경우도 볼 수 있었다.

결론은 A급 예술성이란 기술력에서 탄생하는 것이 아니라 목적의 명확성에서 탄생한다는 것이다.[26]

---

26) 영웅들은 여전히 필요하며, 다만 그들에게 엉뚱한 요구를 해서는 안 된다. 영웅들의 재능이 진정 발휘되는 곳은 정보가 매우 제한된 상황에서 명확성을 추구하는 분야이다. R&D 분야나 카이젠(지속적인 개선)의 기회를 탐색하는 영역같은 곳이다.

명확성clarity 이
모든 것을 좌우한다

머릿속에 실재하는 오버헤드:

- 실재적 오버헤드는 효과성을 저하시킨다.
- 명확성이 이러한 실재적 오버헤드를 감소시킨다.

인위적으로 만들어지는 긴급 업무들:

- 긴급한 업무에 관성적으로 대응하면 더 많은 긴급 상황들이 생긴다.
- 명확성은 반복적인 긴급 상황의 악순환을 깨뜨리는 카이젠을 만들어 낸다.

정보의 결핍:

- 우리가 모르는 정보와 관련해서는 어떠한 행동도 취할 수 없다.

- 명확성은 실용적이고 유용한 정보를 생성한다. 거꾸로, 이러한 정보들로 인해 명확성이 높아지기도 한다.

영웅 숭배:
- 영웅에 대한 의존이 일상적인 운영을 평가절하하고 약화시킨다.
- 명확성은 평범한 근로자의 수준을 높이 끌어올린다.

명확성을 가질 때 시간을 효율적으로 사용하고, 정보에 기반한 확실성을 가지고 행동하며, 업무를 보다 나은 방법으로 처리할 수 있다. 영웅적 또는 비 영웅적 지위와 상관없이, 그리고 심지어는 프로젝트의 성공률이 낮은 경우조차도 명확성을 갖게 되면 누구나 탁월함을 발휘할 수 있고 가치를 제공할 수 있게 된다.

심리학자 매슬로우의 '욕구 단계Hierarchy of Needs ' 이론은 인간의 신체적, 사회적, 심리적 욕구의 상대적이면서도 상호의존적인 단계들을 설명하는 유명한 이론이다. 그러나 자주 인용되는 만큼 많은 오해를 불러일으키기도 한다. 특히 여기에는 명확성이 포함되어 있지 않다. 명확성은 인간의 일반적인 욕구의 범위를 벗어나는 고차원적인 사치가 아니라 보편적이고 필수적인 요소다. 그런데 왜 '충분히 기능하는 사람fully functioning person '[27] 의 본능적 욕구 목록 중에 명확성이 빠져 있는 것일까?

---

27) 옮긴이주: '충분히 기능하는 사람fully functioning person '이란, 칼 로저스Carl Rogers 가 '인간 중심 상담Person-Centered Therapy ' 이론에서 '심리적 건강 상태에 도달한 이상적인 인간상'을 묘사하기 위해 사용한 개념으로, '자신을 완전히 지각하고 자신의 능력을 발휘하여 실현 경향성을 끊임없이 추구하고 성장해 가는 사람'을 지칭한다.

혹시 매슬로우가 잊어버린 것일까? 물론, 절대로 아니다.

자아실현의 욕구	도덕성, 창의성, 혁신, 자발성, 수용성
존중의 욕구	자신감, 자아존중감, 사회적 존중(내/외적)
소속감 & 애정 욕구	관계, 정서적 안정, 가족, 사랑, 성적 친밀감
안전의 욕구	보호: 고용, 재산, 건강, 웰빙, 가족
생리적 욕구	기본적 욕구: 음식, 물, 수면, 주거

명확성(Clarity)

사실 명확성은 욕구의 단계들을 초월하는 요소이며, 주거에서부터 자아실현에 이르는 모든 욕구들의 포괄적 기반이 되는 요소다. 즉, 명확성이 없다면 매슬로우의 욕구 단계 안에 있는 그 어떤 요소도 완전히 실현하기 어렵다.

예를 들어, '주거'에 대해 얘기해보자. 주거는 인간의 가장 기본적인 욕구 중 하나이며, 많은 사람들이 당연하게 여기는 욕구다. 그런데 이 욕구는 단순히 머물 곳을 얻었다고 해서 충족되는 것은 아니다. 만약 집이 갑작스런 홍수로 유실되었는데, 가입해 둔 보험은 자연재해에 대해서는 보상을 하지 않는다고 가정해 보자. 어제까지만 해도 안전하고 멋있는 집이 서 있던 곳에, 오늘 남아 있는 것이라곤 집의 파편과 주택 담보 대출금뿐이다.

물론 너그러운 이웃이 자기 집 대문을 열어 줄지도 모른다. 하지만 그 집이 당신의 집은 아니므로 불안감은 여전할 것이다. '내가 얼마나 여기 머물 수 있을까?', '여기서 내 안전이 보장될까?', '이 가족의 규칙을 따라야 하나?' 등을 걱정하면서 말이다. 과연 이렇게 모호한 상황 속에서 주거의 욕구가 충족될 수 있을까?

이와 같이, 각 단계의 욕구들이 완벽하게 충족되려면 그에 관한 명확성이 확보되어야 한다. 주거 욕구와 관련해서는 주거 안정감, 즉 주거지를 빼앗기지 않을 거라는 보장이 있을 경우에만 주거 욕구가 충족되는 것이다.

그런데 많은 경우, 하나의 욕구가 채 충족되기도 전에 다른 단계에서의 변화들을 동시에 요구받는다. 이러한 식으로 변화되고 성장하는 것은 불안하고 두려운 일이다. 우리는 한 가지 욕구가 충족되어야 추가적인 욕구를 탐색할 수 있는 안전한 상태에 놓이게 된다. 즉, 이전의 욕구들이 이미 충족되고 안전성이 보장되어야 새로운 성장과 변화에 대한 두려움을 떨쳐 버리기 시작하는 것이다.

그렇다고 매슬로우의 욕구 단계가 반드시 아래에서 위로 순서대로 충족되어야 한다는 말은 아니다. 예를 들어, 비록 주거가 불안해도 여전히 자신감이 넘칠 수 있다. 이것은 자아실현을 향해 나아가는 길에 있어, 어떤 욕구를 충족시키는 것을 통해 자신감과 용기를 얻을수록 새로운 욕구를 충족시키는 것이 한결 쉬워진다는 것을 의미한다.

▶ 신경 불안은 이전의 어떤 위기가 아직 완전히 해결되지 않았다는 사실을 반증하는 증상이다. 문제의 근원적인 갈등과 모순을 해결하지

않고 단지 증상만을 제거하려고 하는 것은, 자기 이해와 성장을 위해 스스로 최선의 방향이 무엇인지를 탐색하고 동기 부여할 수 있는 기회를 그 사람으로부터 빼앗는 것이다.[28]　　　　　– 롤로 매이Rollo May

롤로 매이와 매슬로우에 따르면, 사람은 두려움을 최소화하고 성장형 마인드셋growth mindset을 견지할 때 자아실현을 향해 나아갈 수 있다.[29] 예를 들어, 많은 사람들은 이웃이 제공하는 거주지에 머무는 것을 안정적으로 여기지 않을 것이다. 주택의 상실 및 주거 욕구의 훼손과 관련된 두려움(예: '이 가족의 규칙을 따라야 하나?')은 쓸데없는 걱정이 아닌, 나름 합당하며 납득이 가는 두려움이다. 이런 두려움의 무게는 가히 압도적이다.

그리고 사람은 두려움에 시달리면 방어적으로 집착하게 된다. 따라서 영구적인 새 주거지를 찾는 데 집중하기보다는 현재의 보금자리를 잃지 않으려는 행동을 하게 된다. 두려움은 장기적이고 근본적인 욕구를 충족하기 위한 방안을 모색하는 대신, 사람들을 단기적인 증상에 매달리게 한다. 특히 명확성이 없는 경우에는 더더욱 두려움에 빠지기 쉽다.

하지만 퍼스널 칸반은 이런 막연한 두려움을 해결할 수 있는 문제와 실행할 수 있는 과업의 형태로 전환시키고, 이를 시각화하며 이해하기 쉽게 풀어준다.

---

28) 『Psychology and the Human Dilemma』 (롤로 매이 지음 / New York : Norton)

29) 『존재의 심리학』 (원제: Toward a Psychology of Being / 에이브러햄 H. 매슬로우 지음 / 정태연, 노현정 번역 / 문예출판사)

업무의 맥락을 인식하고 그 영향에 대해 이해하면 우리는 명확성을 얻게 된다. 이를 통해 오버헤드가 지배하는 관념 세계의 사고방식에서 카이젠을 다루는 현실 세계의 사고방식으로 건너올 수 있다.

특히 업무를 시각화할 때 우리는 보다 집중할 수 있다. 여기에서 '집중focus'한다는 것은 사무실 문을 잠그고, 처리할 작업을 선택하고, 그 작업이 완료될 때까지 주변 세계와 단절한다는 게 아니다. 그런 종류의 자기 이탈self-exile은 스트레스를 받을 정도로 많은 업무량에 대해 두려움을 느끼고 이를 빨리빨리 해치우려고 생산성에만 초점을 두고 행하는 반응이다. 이와 달리 카이젠은 성장에 기반을 두고 효과성과 개선을 지향하는 반응을 한다.

개선 지향적 반응이란 업무의 맥락을 분석하고 명확성의 수준을 확인하여, ① 그 업무들을 바로 수행할지, ② 다른 방식으로 혁신할지, ③ 추가적인 명확성을 더 확보할지에 대해 가장 효과적인 경로를 찾는 것이다. 물론, 실제로 사무실을 걸어 잠그고 일련의 작업들이 모두 완료될 때까지 모든 것을 쏟아부어야 할 때도 있다. 하지만 또 어떤 때에는 속도를 낮추고 연구를 수행하거나 업무 부하를 나눌 누군가를 찾는 것이 필요할 수도 있다. 그러나 한 가지 확실한 것은 양질의 업무 성과나 개인의 성장 모두에 있어 명확성이 반드시 요구된다는 것이다.

▶ 비가 그치고 난 지금, 나는 명확하게 볼 수 있다. 나의 길에 놓인 장애물들을 모두 볼 수 있는 것이다.　　　　　　　　　　- 조니 내쉬Johnny Nash

퍼스널 칸반은 매일의 생활에 있어 이와 관련된 사람, 활동, 책임에 대한 투명성을 제공하여, 목적의 명확성을 높여준다. 이를 통해 '우리가 약속한 것이 무엇인지', '누구에게 약속했는지'를 볼 수 있다. 그리고 이를 둘러 싼 외부 환경적 요인과 감정적 요인의 변화를 볼 수 있다. 그리하여 우리의 계획과 우선순위를 그러한 변화에 어떻게 적응하고 대응시켜야 할지를 판단할 수 있다. 명확성은 우리가 더 집중하고, 더 잘 계획하여, 우리 자신의 리듬을 찾을 수 있게 해주며, 밀고push 당기는pull 힘 사이에서 균형을 잡게 해준다.

▶ 천재는 운명에 의해 결정되는 개인이지만, 그 천재성은 시스템이라는 수단을 통해 발현된다. 어떠한 예술 작품도 시스템 없이는 존재하지 못한다.
― 르 코르뷔지에 Le Corbusier

퍼스널 칸반은 자존감self-esteem 을 강화하여 양질의 업무가 완수될 수 있도록 촉진한다. 퍼스널 칸반은 패턴을 인지하고 자연스럽게 문제를 해결할 수 있도록 돕는 도구(르 코르뷔지에가 표현한 '시스템')를 제공하는데, 이는 사실 매슬로우의 욕구 단계 중 '자아실현'에 근간을 둔다. 퍼스널 칸반을 통해 업무들을 시각화하고 그 흐름flow 을 관리한다면, 선택지들options 의 가치가 더욱 명백해질 것이다. 그러면 소위 '균형 잡힌 삶'에 내재된 윤리나 미학, 꿈과 같은 '자아실현'적 요소들이, 우리가 하는 선택과 행동들에 더 많이 투영될 수 있게 된다.

경로 수정:
우선순위 변경의 현실

명왕성을 향하여 우주를 헤치고 나아가는 우주선을 상상해 보자. 명왕성은 천문학적으로 좀 특이하다. 어떤 날에는 행성처럼 보이다가도, 또 어떤 날에는 딱히 그렇지도 않다. 명왕성은 원에 가까운 궤도로 태양 주위를 도는 것이 아니라 길쭉한 타원 모양으로 돈다. 어떤 날에는 지구에서 26억 5천만km만큼 떨어져 있고, 어떤 날에는 46억 8천만km까지 멀어진다. 그 차이만 해도 20억km에 달한다.[30]

설명이 장황했는데, 명왕성이 꽤나 어려운 목표물이란 것만 말해 두자.

그러나 나사NASA가 도전을 회피하는 조직은 아니므로, 2006년 우주선

---

30) 지구는 태양으로부터 겨우 1억 5천만km밖에 안 떨어져 있기 때문에, 지구와 명왕성 사이의 최소 거리와 최대 거리 간 변동성(약 20억km)만으로도 지구와 태양 사이 거리의 약 13배에 달한다.

뉴 호라이즌New Horizons 호를 명왕성을 향해 발사했다. 0.5톤에 달하는 이 무인 로켓은 2015년 7월 14일, 명왕성 가까이에 도달할 계획이었다(이 책의 초판은 이에 앞서 2011년에 쓰였으며, 실제로 뉴 호라이즌 호는 해당 목표일에 명왕성에 근접하여 지구로 사진을 보내왔다. – 옮긴이). 발사에서 최종 도달까지 거의 10년이 걸린다는 점을 감안할 때, 뉴 호라이즌 프로젝트의 구성원들은 그들 업무의 결과를 받아보기까지 상당한 인내심을 가져야 했을 것이다.

거의 기록적인 속도로 비행했음에도 불구하고, 명왕성은 여전히 멀리 떨어져 있다. 탐사선이 목적지에 도달하기 위해서는 시속 1.5km 정도의 중간 항로 수정이 필요했다. 이 수정은 작게 보이지만(당신의 차로 시속 1.5km를 정밀하게 조정한다는 것은 거의 불가능하다), 결코 대수롭지 않은 것이 아니다. 보기에는 사소해 보이는 이 수정은 주요한 결과로 이어지게 된다.

"추적 결과, 내년에 작은 항로 수정이 필요하다. 초당 0.5m(시간당 1.5km)에 불과하지만, 만약 이를 보정하지 않으면 우리 우주선은 명왕성에서 80,000km나 멀어지게 될 것이다."

그 우주선에는 한정된 로켓 연료가 실려 있고, 많은 시간과 돈이 투자되어 추진되는 대규모 프로젝트다. 만약 당신이 이 프로젝트팀의 일원인데, 거의 10년을 기다린 후에 탐사선이 목표물을 80,000km나 벗어났다는 것을 알았다고 생각해 보라. 그것은 지구와 태양 사이의 절반이나 되는 거리다. 어떤가? 아마도 그날은 정말 끔찍한 날이 될 것이다.

임무의 규모를 고려하면 경로 변경의 비용은 상대적으로 낮다. 우주선 속도의 1/36,000에 해당하는 경로의 보정이다. 반면, 실패한다면 그 비용은 8천억 원에 달하게 될 것이다. 수정의 폭이 작을 때 경로를 수정하는 것이 최소한의 혼란으로 성공을 보장하는 길이다.

우리는 종종 수립된 계획들이 마치 돌에 새겨져 있는 것처럼 고정불변의 것으로 여기고, 어떠한 대가를 치르더라도 그것을 고수해야 한다고 생각한다. 그러나 아무리 정교하게 수립되고 자금이 충분히 지원된다고 하더라도, 프로젝트는 좀처럼 정확하게 예측하기 어렵다. 원래 계획으로부터의 약간의 편차는 피할 수 없으며, 이에 따른 작고 빈번한 조정은 불가피한 것이다.

사실 우리는 의식하지 못하는 상황에서도 본능적으로 경로의 수정을 하고 있다. 운전의 경우를 예로 들어보자. 만약 2시간 동안 직진만 해야 하며, 30분에 한 번씩만 운전대에 손을 댈 수 있다고 한다면 이 차를 운전하겠는가?

아마 에어백이 없다면(아니, 있어도), 절대로 안 할 것이다.

매초마다 세밀하게 경로 수정이 이루어지는데도, 우리는 여전히 차가 통제 하에 있다고 느낀다. 이것이 바로 맥락의 변화에 적응할 수 있는 유연성을 갖춘 역량이다. 그리고 이것이 우리를 성공으로 이끈다.

경로를 수정한다는 것은 프로젝트 관리를 실패했다는 의미가 아니며, 통제력을 상실했다는 것도 아니다. 사실은 그 반대다. 오히려 성공에 대한 고정된 정의를 가진 경직된 계획이야말로 선택 가능한 대안들을 제한하여 실패를 초래한다. 칼이 딸의 교육을 계획하든, 나사가 행성 간 탐사 임무를 계획하든, 조정은 자연스럽고 필수적인 것이다.

구조화가 잘못된 안전감security 을 이끄는 경우가 많다.[31] 정교하게 수립된 계획은 우리가 안전하다고 착각하게 만든다. 일단 목표를 향한 경로가 정의되면, 어찌 됐건 우리의 미래가 보장된다고 생각하는 것이다. 정교한 사전 계획에 대한 이러한 맹신은 많은 사람들의 정신에 깊숙이 뿌리 내려 있다. 그래서 철저한 계획 없이 무언가를 하는 것은, 그것이 무엇이든 간에 그물도 없이 물고기를 잡는 것처럼 굉장히 불확실하고 덜 과학적이라고 느껴진다. 그러나 맹목적으로 계획을 따르는 것은(그것이 아무리 철두철미한 계획이라 해도), 목표를 달성하기 위해 세심한 주의를 기울여 수시로 행동을 조정하는 것을 뛰어넘을 수는 없다. 특히 퍼스널 칸반은 관찰observation , 실험 experimentation , 보정adjustment 에 기반하여 예측하는 것이기 때문에, 단순한

---

31) 옮긴이주: 엄밀히 말하면, 애자일은 구조화 자체를 부정하고 해체하는 것이라기보다는, '변화에 대한 민첩한 적응성adaptiveness '을 구조 안에 포함하는 '유연한 구조flexible structure ', '적응적 구조adaptive structure '라 할 수 있다. 유연성과 적응성을 추구하면서도, 이를 구조 안에 포함시킴으로써 안정감과 지속성을 동시에 추구하는 것이다.

추정보다 훨씬 신뢰할 수 있고 또 과학적이다.

　자, 우리 스스로에게 주변 환경에 적응할 수 있는 자유를 허락했으니,
이제는 인간의 감정emotions 과 의도intentions 에 대해 살필 차례다.

자기 성찰introspection

▶ 성찰하지 않는다면 경험이 무슨 소용 있겠는가?

– 프레드리히 대왕Fredrick the Great

정오가 되었고, 당신은 배가 고프다. 근처에 피자집, 햄버거 가게, 타코 트럭이 있지만, 담당 의사가 체중 조절을 권고했기에 이러한 패스트푸드는 삼가는 것이 좋다. 그보다는 유기농 시장에서 주문 즉시 만들어 주는 신선한 샐러드를 구입하는 것이 훨씬 좋겠다. 마침 유기농 시장이 20분 거리에 있고, 다음 회의 일정은 한 시간 뒤에 있다. 교통 체증이 없이(또는 버스 전용 고속 차선을 타고) 그곳에 도착한 뒤 곧바로 주문하면, 식사하는 데 걸리는 시간 20분, 다시 운전해서 돌아오는 데 20분을 합하여 1시간이 걸린다. 하지만 이를 안전하게 하기 위해서는 회의 시간을 다시 잡아야 한다. 그렇지 않으면 그냥 근처의 패스트푸드를 먹고, 대신 저녁을 좀 덜 먹으면 된다.

자, 이러한 결정들이 수천억 원짜리 우주선의 방향을 재조정하는 것만큼 중대한 것일까? 그럴 수도 있고, 그렇지 않을 수도 있다. 어찌 됐건 당신은 원래의 계획과 새로운 대안 사이에서 선택해야 한다. 그리고 그 선택은 후속적으로 파생되는 다른 일들에도 영향을 미친다. 만약 유기농 시장에 가기로 결정을 내린다면, 회의를 30분 정도 늦춰야 할 수도 있다. 그로 인해 오후의 모든 일정들도 조금씩 지연될 것이다. 그렇게 우리는 의식적이든 아니든 하루 종일 우선순위의 재조정(대안들의 비교 및 선택에 관한 인지적 과정)에 관여한다.

그렇다면 우리는 과연 장기적인 실용주의적(이성적) 관점, 단기적인 감정적 관점, 또는 두 관점의 조합 중 어떤 관점을 가지고 대안들을 비교하고 선택해야 할까? 건강한 식단을 고수하기로 한 결정은 이성적인 것인가, 아니면 감정적인 것인가? 반대로 일정에 맞춰 제품을 출시하기 위해 계획된 회의에 참여하기로 한 결정은 어떤가?

사실 우리가 의사결정을 하는 순간에는 그것이 실용적인 결정인지 감정적인 결정인지 구분하기 힘들다. 그렇기 때문에 모든 일이 완료된 이후에라도 우리의 결정에 대해 다시금 성찰해 봐야 한다. 일이 완료되어 결과를 보았다 하더라도, 그 의사결정의 동기가 무엇이었는지는 여전히 모르는 경우가 많기 때문이다. 그래서 우리의 의사결정을 이끄는 것이 무엇인지를 완전히 이해하기 위해서는, 우리의 인지 과정을 조사하고 평가하는 메타적인지 과정인 '먼데이 모닝 쿼터백킹monday morning quarterbacking[32]'이 필요한 것이다.

이때 필요한 것이 바로 자기성찰introspection이다. 성찰을 통해 우리는 사고의 과정을 관찰하고, 의사결정의 이면에 작동된 추론을 이해하게 된다. 의사결정에서 작용한 자신의 감정, 동기, 편견의 필터를 이해하며, 과거의 사건을 바라보는 것이다. '왜 B 대신에 A로 결정했을까?', '누구의 이익을 진정으로 충족시킨 것인가?', '우리가 최선의 선택을 한 것일까?', '우리의 선택은 우리를 행복하게 만들었나?' 여기가 바로 미래에 보다 나은 선택을 할 수 있는 정보를 얻게 되는 지점이다.

진정으로 실용적인 의사결정이란 외부적인 요구와 내면적인 욕구, 그리고 또 다른 많은 상황적인 요소들의 균형을 맞추는 것이다. 그리고 이 균형은 자기성찰을 통해서만 얻을 수 있다. 우선순위의 조정을 통해 필요(이성)와 감정의 균형이 진정으로 맞춰지고 있는지 자기성찰을 통해 알게 되는 것이다.

회고 retrosectives

▶ 누군가의 과거를 알고 싶으면 그 사람의 현재 상태를 보면 되고, 누군가의 미래를 알고 싶으면 그 사람의 현재 행동을 보면 된다.   - 불교 격언

▶ 당신이 과거에 어디에 있었는지 아는 깨달음 hindsight, 앞으로 이디로 갈지 아는 선견지명 foresight, 그리고 너무 멀리 지나온 것을 알아차릴 수 있는 통찰력 insight 을 가질 수 있기를…   - 아일랜드 격언

그렇다고 해서,

▶ 과거의 실적이 미래의 수익을 보장하는 것은 아니다.

                              - 월 스트리트 Wall Street 격언

과거의 교훈들은 미래의 성공을 위한 수많은 조언을 해준다. 많은 동기 부여 인용구들도 비슷한 것들을 말해준다. 하지만 미래를 예측함으로써 가장 큰 이익을 얻는 사람들인 월 스트리트의 금융인들은 정작, 과거에 효과가 있었던 것이 반드시 반복되는 것은 아니라는 사실을 고통스럽게 깨닫고 있다.

그렇다. 변화는 계속 일어난다.

과거의 성공과 실패를 통해 얻은 경험은, 미래에 다시 따라 하고 싶은 것과 피하고 싶은 것에 대한 통찰력을 준다. 다만 앞에서 이야기한 바와 같이 상황은 계속 변화하기에, 성공과 실패 자체보다도, 성공 또는 실패로 이어진 맥락에 초점을 맞추어야 한다. 그러므로 우리는 '회고'를 통해 업무의 맥락을 돌아보아야 한다. 그리고 이를 통해 얻은 통찰을 기반으로 퍼스널 칸반에 다른 차원(규칙)을 더 추가하여 발전시켜 나갈 수 있다.[33]

본디 '회고'란 정기적이고 의식ritual 적인 집단 성찰collective reflection 이며, 애자일Agile 과 린Lean 에서 흔하게 볼 수 있는 관행이다. 이러한 회고는, 팀이 그들의 프로젝트에서 '무엇이 잘 되었는지', '무엇이 기대대로 되지 않았는지', 그리고 '앞으로 개선될 수 있는 것이 무엇인지'를 잠시 멈춰 서서 숙고할 기회를 제공한다.

정기적인 회고는 우리가 발전적인 변화를 위한 기회들을 분별하고 행동

---

33) 이것이 바로 퍼스널 칸반이 두 가지 규칙만을 갖는 또 다른 이유다. 규칙이 많고 경직된 시스템은 실패를 초래한다. 규칙이 적고 유연한 시스템은 사용자에게 맞게 시스템을 변경customizing 하는 것을 독려한다. 가능한 한 최소한의 규칙과 통제를 하려고 항상 노력하라.

할 수 있게 도와준다. 혼자서든, 가족들과 함께든, 아니면 팀과 함께든 상관없이 회고는 성찰을 위한 필수적인 수단인 것이다.

그리고 회고를 자주 시행하면 당신의 기억도 더 생생해질 것이다. 하지만 그렇게 하기보다는 편한 간격을 두고 시행하는 것이 더 중요하다. 또한 이러한 연습은 개인뿐 아니라 팀 차원에서 실행하는 것도 유익하다. 이를 통해 팀의 성취에 대해서는 인정하고(축하), 차질에 대해서는 함께 한탄하며(스트레스 해소), 앞으로 취할 행동(카이젠)을 위해서는 프로젝트의 방향을 재조정할 기회를 가질 수 있기 때문이다. 일이 잘된 경우는 물론 잘 안된 경우에도, 이를 돌이켜 봄으로써 혁신을 위한 카이젠의 기회를 얻어 효과성을 향상시킬 수 있다. 따라서 일정한 주기를 가지고 회고를 하는 것은, 아주 작은 경로 수정을 함으로써 저비용/고수익의 커다란 효과를 거두는 길이다.

아예 퍼스널 칸반 보드의 마지막 열에 '회고' 칸을 물리적으로 추가하는 것도 유용하다. 매주 초 또는 주말 즈음에 회고 시간을 갖고, '완료' 칸에 배치된 접착식 메모지를 '회고' 칸으로 옮기면서, 완료된 작업에 대해 빠르게 리뷰해 보는 것이다. 그러면 무엇이 잘 되었는지, 다음에 개선될 수 있는 것은 무엇인지를 알게 될 것이다. 성취는 축하하고, 실패로부터는 배우자.

그러나 아직 그 주기가 안 되었다고 해서 다음 회고 때까지 마냥 기다릴 필요는 없다. 특히 작업이나 프로젝트가 경로를 이탈한 상황에서는 관련된 사람들을 신속하게 모아 문제를 검토하고, 그것을 빠르게 학습과 개선의 기회로 활용해야 한다. 긴급 회고는 관련된 사람들이 문제 앞에 모두 모여 머리를 맞대고 해결책을 고안할 수 있도록 기회를 제공한다.

몇 년 전, 나는 욕실 한쪽에 창문을 설치하는 인테리어 공사를 맡긴 적이 있다. 그리고 욕조 주변으로 더 많은 빛과 환기가 필요하다고 설명을 했다. 그런데 창문이 설치된 후에 보니, 열리지 않는 창문인 걸 알고 짜증이 확 일어났다. 환기를 위해 창문이 필요하다고 설명했기에 당연히 열리는 창문이 설치될 거라고 생각했던 것이다.

하지만 당시는 주택 공사가 워낙 많았던 시기였는데 내가 만약 그 공사업자와 싸우게 되면 또 다른 공사업자를 구할 때까지 몇 달 동안을 화장실 벽이 허물어진 채 지내야 할 수도 있었다. 화를 내기보다 현명한 대처가 필요했다. 그래서 공사업자와 나는 재빨리 긴급 회고를 했다. 나는 아무 비난도 하지 않았고, 대신 열리는 창문으로 교체하는 데에만 초점을 맞췄다. 결국 창문을 교체하기로 합의했고, 이에 대한 구체적인 이야기는 공사를 할 즈음에 더 논의하기로 했다. 창문에 대한 공사업자의 '오해'는 일종의 '생산 라인 중단stop the line' 형태의 문제로 구분될 수 있으므로 그 즉시 긴급 회고를 소집했던 것이다.[34]

이런 일은 혼자 하든 가족과 함께하든, 아니면 팀과 함께하든 상관없다.

---

34) '생산 라인 중단stop the line'식 문제해결은 린 Lean 제조 방식에서 필수적인 개념으로, 팀 구성원 중 누구든 다른 동료들의 즉각적인 주의나 도움이 필요한 중요한 문제를 발견하게 되면, 생산 라인을 즉시 중단할 수 있는 권한을 갖는 것을 말한다. 여기서의 원칙은 문제가 발생했을 때 이를 즉시 해결하는 것이다. 설사 그것이 현재의 업무의 흐름을 방해할지라도! 장기적으로는 이것이 시간과 돈을 더 절약한다.

중요한 것은 문제가 커지기 전에 해결할 기회를 놓치지 말라는 것이다.

또한 퍼스널 칸반이 무수한 형태를 취할 수 있는 것처럼, 회고 역시 상황에 따라 어떠한 형태로든 운영될 수 있다. 차고에서 주말 프로젝트를 막 끝냈든, 아니면 태풍 재난 구호 활동을 2주간에 걸쳐 끝냈든, 수행했던 모든 과정을 점검하고 어떠한 문제가 어떻게 보정되었는지 확인하는 것이 좋다. 그러한 시간을 갖는 것은 현재 하고 있는 일이나 그 일을 하는 방식을 개선하는 데 많은 도움을 줄 것이다.

정리하자면, 작은 경로 수정이면 될 것을 명왕성 궤도 중간에 이를 때까지 기다리지 말자. 자동차를 운전하는 것처럼 업무도 수시로 미세하게 다룰 수 있다. 미세한 보정과 회고는 곧 업무의 자연스러운 부분이 될 것이다. 이렇게 회고의 기술을 습득하면 당신은 카이젠(지속적인 개선)으로 한발 더 나아가게 된다.

문제를
근본적으로 해결하기

▶ 어떤 문제든 그 근본 원인을 찾는 것이 문제해결의 핵심이다.

– 오노 다이이치Taiichi Ohno

아무리 노력해도 삶이 항상 계획대로 흘러가는 것은 아니다. 뭔가 잘못되어 갈 때, 우리는 보통 '누구에게' 혹은 '무엇에' 책임이 있는지를 찾는다. 우리는 문제가 빨리 사라지고 해소되기만을 바라면서, 비난을 받기 전에 문제의 표면과 증상 정도만을 살짝 무마시키곤 한다. 그러면 금세 기분이 좀 나아지며 문제가 해결된 것으로 간주하고 대충 넘어간다.

단언컨대, 이는 문제해결에 대한 형편없는 접근법이다. 피상적이고 근시안적일 뿐 아니라, 카이젠의 기회를 통해 얻을 수 있는 개선과 수혜마저 통째로 날려버리는 것이다. 우리는 업무들을 시각화하고 그 흐름을 이해함으로써 문제를 근원적으로 다룰 수 있어야 한다.

다음에 소개할 기법들은 문제의 핵심으로 깊이 파고들어, 관습적인 통념에 도전하고 소모적인 가정들을 제거하여 근본 원인을 노출시키는 데 도움을 줄 것이다.

문제해결의 기초, 패턴 매칭Pattern Matching

> ▶ 인간의 뇌가 무작위random 적이라고 느끼도록 조작하는 것은 불가능
> 에 가까울 정도로 어렵다.   – 알렉스 벨로쉬Alex Bellosh

선사시대에 인류가 송곳니 호랑이 검치호sabre-toothed tiger 를 물리치고 있을 때부터 우리 뇌는 패턴으로 인식을 했다. 인간은 관련된 대상과 행동을 연결시키면서 패턴을 찾고, 그것들 사이의 관계를 그리며, 그러한 패턴을 기억하는 선천적인 능력을 가지고 있다. 이를 통해 잠재적으로 해로울 수 있는 동물이나 독성이 있는 식물을 구분하고, 계절에 따라 햇빛의 양이 다르다는 것을 구별할 수 있었다. 패턴의 인식을 통해 자연의 차이를 구분하고 추론하며 적응하는 능력은, 선사 시대의 인간이 하나의 종species 으로서 지금까지 생존하고 진화할 수 있었던 핵심 열쇠였다.

마치 점들을 연결하듯connecting the dots 인간은 패턴을 종합하여 환경에 대해 해석하고 가정assumptions 을 세운다. 심지어 인간은 태어난 지 3개월만 되어도 이미 패턴을 인식하고 행동한다. 물론 간단한 것부터 시작하는

데, 먼저 엄마의 목소리 톤을 알아들을 것이며, 그다음은 좋아하는 봉제 곰 인형의 질감을 인식하는 것으로 옮겨갈 것이다. 그리고 그렇게 시간이 누적되다 보면, 3개월 연속 지출 보고서를 늦게 제출했을 때 상사의 반응을 예측하는 것과 같은 보다 복잡한 패턴도 추론을 할 수 있게 된다.

퍼스널 칸반은 이러한 가장 기본적인 인간의 속성을 이용한다. 작업들을 시각화하고 이를 물리적 또는 인지적으로 다루는 것은, 우리가 업무의 패턴을 이해할 수 있도록 돕는다. 이를 통해 '어떤 종류의 작업들이 가장 빠른 쓰루풋을 갖는지', '어떠한 작업들이 지체되는 패턴을 갖는지', 또 '통상 어떠한 작업들이 도움을 전혀 필요로 하지 않고 잘 처리되는지' 등을 볼 수 있다.

특히 시간을 두고 지속적으로 바라보게 되면 기존에 존재하던 패턴은 물론, 새롭게 나타나는 패턴에 대해서도 더 민감하게 인지할 수 있게 된다. 수시로 작은 변화를 인지해 내는 것은 에너지도 적게 들고 뇌의 불안감도 야기하지 않기 때문에, 간헐적으로 큰 변화를 인지해 내는 것보다 훨씬 낫다는 것을 알게 된다. 그러므로 민감해지는 것sensitization 은 강력한 도구이다. 또한 이러한 민감함을 통해 개선의 기회를 많이 찾을수록, 그 민감함이 더해져 기회를 발견할 가능성도 더욱 높아진다.

개선의 기회는 일반적으로 패턴의 변화가 감지될 때나, 혹은 무언가 문제가 있는 것으로 보일 때 나타난다. 허나 성과가 좋지 않은 업무들의 패턴은, 보통 근본적인 문제가 아닌 증상인 경우가 많다. 그러하기에 이러한 증상만을 해결하는 것은 당장의 통증을 완화시킬 수는 있지만, 오래 지속되지는 못한다. 이를 위해서는 문제의 근본 원인을 드러내야 한다. 이것은 간단하면서도 강력한 '근본 원인 분석' 기법들을 사용하여 수행할 수 있다. 다양한 기법들이 있지만 여기서는 가장 간단한 두 기법, '5 Why 질문법'과 '소크라테스식 문답법'을 소개한다.[35]

5 Why 질문법

나와 토니안 모두, 유년 시절에 아버지의 인내심을 시험했던 유사한 경험이 있다. 다음과 같은 대화를 주고받는 식으로 말이다.

나의 아버지/토니안 아버지: 너는 모든 것에 변명이 있구나!
나/토니안: 아니에요, 모든 것에 이유가 있는 거지요.

하지만 우리 네 사람 중 누구도 토론의 근본 원인에 대해 탐색한 적은 없었다. 그렇기 때문에 이러한 대화는 성장의 기회가 되기보다, 말 잘하는 두 아이들과 좌절하는 두 아버지 사이의 의미 없는 말싸움에 지나지 않게 되었다. 두 아버지는 우리의 이유가 변명에 불과하다는 것을 증명하려 했

---

35) 옮긴이주: 복잡계를 활용하여 문제의 근본 원인을 찾는 보다 심도 있는 접근 방법론으로는, ① 골드랫 Eliyahu M. Goldratt 박사가 창안한 '제약이론 TOC; Theory of constraints '과, ② MIT 대학의 포레스터 Jay W. Forester 교수에 의해 체계화된 '시스템 사고 Systems Thinking ' 등이 있으며, 아래의 각 홈페이지를 통해 보다 자세한 정보를 확인할 수 있다.
① 한국TOC협회 http://tockorea.org
② 한국시스템다이내믹스학회 http://www.ksds.net

고, 우리는 이에 맞서 우리의 변명이 정당한 이유라는 것을 증명하려 했다. 결국 이러한 입장 차이는 모든 개선의 기회를 날려버렸다.

일본의 사업가이자 도요타의 설립자인 도요다 사키치 Sakichi Toyoda 는, 많은 경우에 있어 원인들이 겹겹이 쌓여 문제를 야기한다고 생각했다. 그래서 그는 사람들이 그들의 선입견을 극복하고 '백지상태에서' 문제의 핵심으로 다가가기를 원했다.[36] 그래서 그는 '왜 why ?'라고 한두 번만 묻고 끝나지 않았다. 모든 문제에 있어 '왜?'를 5번 반복하여, 근본적인 맥락에서 그 무언가에 도달하라고 말했다.

이 '5 Why 질문법'이 어떻게 동작하는지를 이해하기 위해 다음의 시나리오를 살펴보자. 어느 날 밤늦게 직장에서 돌아와 보니, 부엌에는 개미들이 들끓고 싱크대에는 더러운 접시들이 가득 차 있다. 오늘은 당신의 아들 빌리 Billy 가 설거지를 할 차례인데 어디에도 보이지 않는다. 이러한 상황에서 당신은 딸과 다음과 같은 대화를 한다.

---

36) 『The Toyota Way 도요타 방식』 (원제: The Toyota Way / 제프리 라이커 지음 / 김기찬 번역 / 가산출판사)

1. 나: 왜 설거지가 안 되어 있니?

   딸: 빌리가 안 했으니까요.

   나: (아 짜증나!)

2. 나: 빌리는 왜 안했대?

   딸: 빌리가 부엌에 나타나질 않았으니까요.

   나: (빌리 이 녀석이!)

3. 나: 왜 안나타났는데?

   딸: 빌리가 하루 종일 자기 방에 있었으니까요.

   나: (빌리는 정말로 못됐군!)

4. 나: 왜 하루종일 자기방에 있었는데?

   딸: 빌리는 공부 중이었거든요.

   나: (음?)

5. 나: 왜?

   딸: 빌리는 내일 시험이 있어요.

   나: (그래. 이제 이해가 가는군. 기특하네.)

첫 번째 '왜'에서 멈추었다면, 겉으로 보이는 증상을 근본 원인으로 혼동하여 빌리를 부당한 곤경에 빠뜨렸을 것이다. 그러나 이 대화에서 보듯 문제의 핵심을 파고들면, 그러한 결과에 대해 납득할만한 이유가 드러난다. 이 경우 빌리는 나름대로 의미 있는 우선순위 때문에 설거지를 하지 않은 것이다. 퍼스널 칸반과 마찬가지로 '5 Why' 질문법은 문제를 사람으로부터 분리해 낸다. 그리하여 비난으로 시작해 비난으로 끝나는 식의 대화는 더 이상 하지 않게 된다. 대신에 "왜 빌리는 설거지를 할 수 없다고 다른 사람에게 말하지 않았지?"와 같이 적절하고 생산적인 질문을 할 수 있게 된다.

개미들이 여전히 문제가 되고 있기에, 아마도 빌리는 살충제를 사기 위해 용돈을 좀 써야 할 것이다. 어찌 됐건, 그럼에도 불구하고 '5 Why' 질문법은 문제의 원인에 대한 처음 가정을 뒤집어 버렸다. 당신의 10대 아들은 '책임 의식 부족'이 문제가 아니라 '의사소통 부족'이 문제였다는 것을 입증할 만한 충분한 데이터가 생긴 것이다.

자, 우리는 '5 Why' 질문법이 자동 반사적인 대응을 극복하는 것을 보았다.

근본 원인을 탐색하는 작업을 통해, 빌리의 의사결정 능력은 그대로 존중하면서도 의사소통 부분은 조금 더 개선할 필요가 있다는 판단을 하게 되었다. 그리고 이는 빌리도 쉽게 수용할 수 있는 내용일 것이다. 궁극적으로 이러한 발견(가족들과 더 나은 의사소통 방법이 있다는 것)은 개선으로 이어질 수 있는 영감의 순간, 즉 카이젠의 기회를 만들어 낸다. 그리고 이러한 개선은 미래에 발생할 수 있는 가족의 문제를 사전에 없앨 수 있는 잠재력을 가지고 있다. 만약 단순한 처벌을 했다면 이러한 기회들은 모두 사라졌을 것이다.

> ※ 주의: '5 Why 질문법'은 다섯 개의 질문으로 시작하는 것이지만, 이 또한 임의의 숫자일 뿐이다. 상황에 따라 더 깊이 들어갈 수도 있고, 조금 덜 질문할 수도 있다. 예를 들어, 의료 보장 문제를 해결하는 데에는 다섯 개의 질문으로 충분하지 않을 것이다. 그러므로 다섯 개를 채우는 것이 아니라 근본 원인의 탐색이 목표가 되게 하자. 질문의 개수에 집착하지 말자.

소크라테스식 문답법

> ▶ 당신이 나를 믿지 않고 의심하리라는 것을 알지만, 인간의 가장 우수한 능력은 바로 자신과 타인을 의심하는 것이다. – 소크라테스Socrates

누군가에게 깨달음epiphany 을 직접 줄 순 없을지라도, 그들 스스로가 깨달음에 도달할 수 있도록 도울 수는 있다.

소크라테스가 딱 그랬다. 소크라테스는 그의 제자들로 하여금 지적 교환을 하게 함으로써, 그들이 세운 가정assumption 이 도전을 받고 그들이 가설hypotheses 이 뒤집어지게 하였다. 소크라테스식 기법은 사실 상당히 깊숙이 들어가기 때문에, 앞에서 했던 '5 Why' 질문법(5는 이에 비하면 아주 관대하게 적은 숫자이다)을 이 방식으로 기술한다면 설명이 꽤나 길어질 것이다. 그러므로 위의 문제에 대해 변증법적 마법을 어떻게 적용하는지는 그냥 독자들의 상상에 맡겨두고, 대신 다른 상황을 예로 들어 보자. 이번에는 당신이 조금 전에 아내와 심하게 말다툼을 하고 나서 화가 많이 나 있는 상태라고 가정하자.

당신은 화를 가라앉히기 위해 약간의 시간이 필요하다. 당신은 조금 전 도대체 무슨 일이 일어났는지를 한탄하면서, 소크라테스와 함께 그 일이 일어났던 도넛 가게로 향한다. 왜 우리가 그런 파탄에까지 이르게 된 걸까? 소크라테스는 꿀이 발라진 꽈배기 도넛 크롤러kruller를 한 입 베어 물며, '파탄breakdown'에 대해 다시 정의하도록 고안된 일련의 질문들을 당신에게 던질 것이고, 나아가서는 '우리we'라는 말에 대해 그리할지도 모르겠다. 그러면 당신은 질문에 답하면서, 이 단어에 수많은 가정assumption들이 부여되어 있다는 사실을 알게 될 것이다.

처음에는 별생각 없이, 당신이 화가 났던 그 대화의 지점에서부터 파탄이 시작되었다고 이야기할 것이다. 그러나 '화가 났을 때'라는 것은 매우 추상적이고 모호한 것이며, 이로써는 문제해결을 위한 그 어떠한 것도 얻을 수가 없다. 소크라테스는 곧 침착하게 당신의 정의에 대해 추가적인 질문들을 던져가며, 파탄의 정확한 시점을 '화가 났을 때'가 아니라 '아내가 당신의 심기를 건드렸을 때', 즉 그녀가 당신의 화를 촉발하는 그 어떤 말을 했을 때로 옮겨간다. 이렇게 소크라테스의 질문이 계속됨에 따라 당신은 결국 대화를 시작했던 그 시점으로 돌아간다. 그리고는 파탄이라는 것이 결코 시간상의 문제가 아니라, 당신의 화를 촉발하는 그 무언가로부터 파생된 결과물이라는 것을 알게 된다. 그리고 나서 네 잔째 커피를 들이킨 후, 그러한 싸움은 서로를 무시하는 말로 인해 수많은 스트레스, 두려움, 머릿속에 실재하는 오버헤드들의 조각들이 충돌하면서 생기는 부산물이라는 깨달음도 얻게 된다. 이제는 이에 대한 명확성clarity을 갖게 되었기에 마음이 한결 가벼워진다. 불과 몇 시간 전만 해도 도무지 설명할 수 없을 것 같던 그 문제가 갑자기 이해하기 쉬워진 것이다.

사실 소크라테스는 처음부터 이것들을 알고 있었으므로, '파탄은 당신들이 서로를 무시하며 대하는 방식의 부산물'일 뿐이라고 간단히 요약하여 말해줄 수도 있었을 것이다. 그러나 만약 그랬을 경우, 그 상황에 대해서는 설명이 줄어들 수밖에 없고 결국은 문제만 부각되어 전달되었을 것이다. 따라서 그러한 조언은 당신에게 불필요하다. 당신에게는 삶의 실질적인 변화가 만들어지는 깨달음이 필요한 것이다.

소크라테스식의 긴 탐색 과정은 당신의 잘못된 가정들을 바로 잡고 당신 스스로가 자신의 결론에 도달하도록 돕는다. 당신 스스로 결론을 만들었으니, 이제 그것은 당신 것이다. "들은 것은 잊어버리고(聽卽振), 본 것은 기억하고(視卽記), 직접 해 본 것은 이해한다(爲卽覺)."는 공자의 명언을 상기하자. 소크라테스식 기법은 스스로 해보게 함으로써 이해를 촉진시키는 것이다.

그래서 소크라테스는 종종 산파로 비유된다. 물론 실제 아기 낳는 것을 돕는 것이 아니며, 지혜의 출산을 돕는 것이다. 소크라테스에게 지식은 수동적으로 얻어지는 것이 아니라, 양 방향적인 활동을 통해 추구해야 하는 것이었다.

소크라테스식 문답법을 나 자신에게 적용하면서, 나의 가정에 의문을 제기하고, 혼란스러운 정보를 제거하며, 내 마음속에 숨겨져 있던 진실을 드러내 보라. 특히 이 과정에 있어 나 자신에 대한 '악마의 대변인devil's advocate' 역할 또한 동시에 수행하며, 자기 비판적 탐구critical self-inquiry 를 해보라. 물론 이것은 많은 인내와 스스로에 대한 솔직함을 요구하지만, 개선을 위한 탐색에 있어 필수적인 것이다. 소크라테스가 우리에게 보여주듯이, 우리가 가지고 있는 수많은 가정들은 지적 낭비이다. 그런 것들은 우리로 하여금 근본 원인이 아닌 증상에 반응하게 하고, 조급하게 비난하게 하며, 진정한 해결책에 도달하기도 전에 멈춰버리게 한다.

현실성 점검 Reality Check

이런 것들을 팀에서 활용할 때는 약간의 주의가 필요하다. 초보자들에게는 '5 Why 질문법'과 '소크라테스식 문답법'이 문제를 해결하기보다는 오히려 상대를 위협하는 날카로운 흉기가 될 수도 있다. 융통성 없는 유도 질문으로 사람들을 방어적으로 만들어, 건설적인 대화를 재빠르게 적대적 논쟁으로 전환시킬 수도 있다. 이러한 기법을 성공적으로 활용하려면 문제에 대해 다그치는 공격적 방식이 아닌, 함께 문제를 해결하는 생산적 방식으로 사용하는 기교가 필요하다.

퍼스널 칸반 Tips

❶ 영웅들이 잘못 활용되는 경우가 많다.

❷ 명확성이야말로 성장을 위한 초석이다.

❸ 성장을 위해서는 회고와 자기성찰이 필요하다.

❹ 아무리 완벽하게 계획해도, 경로의 수정은 반드시 필요하다.

❺ 회고는 우리에게 장기적 욕구와 단기적 욕구의 균형을 맞출 수 있는 시간을 준다.

❻ 뻔히 보이는 것에 속지 말고, 문제를 근원적으로 해결하자.

CHAPTER **08**

엔드게임
ENDGAME

업무를 시각화하라.
진행 중 업무의 개수를 제한하라.

퍼스널 칸반이라는 게임의 큰 목표는 '삶을 제대로(효과적으로) 살기'이다. 이 게임에서 이기기 위해서는 일이 우리를 정의하게 두지 말고, 우리가 일을 정의해야 한다. 밀려오는 일들의 폭압으로부터 탈출하려면 일단 시작한 일을 먼저 완수하고, 효과성을 높일 수 있는 대안들을 선택하여 수행하며, 즐거움을 가져다주는 일을 많이 늘려야 한다. 이러한 목적을 달성하기 위해서는 업무와 그 관계에 대해 이해할 필요가 있다. 순환적이고 지속적이며 탁월한 시스템인 퍼스널 칸반은 과거, 현재, 미래의 행동에 대한 서사적인 지도를 만들어 주고, 이를 통해 패턴을 식별하여 혁신 할 수 있도록 도와준다. 결국 퍼스널 칸반을 통해 두려움을 줄이고, 보다 나은 선택을 할 수 있게 되는 것이다.

우리가 대안을 선택하여 수행하면서, 특히 그 우선순위가 역동적으로 바뀔 때, 감정이 함께 작동하는 것을 인지한다는 것은 매우 어려운 일이다. 우리의 감정은 늘 어떤 선택은 중요하게 여기고 어떤 선택은 무시해 버린다. 하지만 그것이 인간이다. 따라서 우리의 목표는 그러한 감정을 억누르는 것이 아니라, 그것이 언제 그리고 어디에서 우리의 적군 또는 아군으로 동작하는지를 이해하는 것이다. 퍼스널 칸반을 활용하면 우리의 선택을 돌아보고, 또 그 뒤에 놓인 두려움과 욕구를 함께 바라볼 수 있다. 우리의 선택이 명료하게 보일수록 그에 수반한 감정들도 명료해지므로, 이러한 감정들은 더 이상 간과할 수 없게 표면화될 것이다.

퍼스널 칸반에 대한 광고를 한다면, 누군가는 다음과 같은 카피 문구를 사용할지도 모르겠다. "퍼스널 칸반은 더 적은 노력으로 더 많은 일을 할 수 있도록 돕는다." 하지만 우리는 단순히 일을 많이 하는 걸 원하는 게 아니다. 적합한right 작업을 하기 원하며, 보다 잘better 하기를 원한다. 또한 시간이 지남에 따라 선택지를 늘리고, 실험을 장려하며, 균형 잡히고 성공적인 삶으로 인도하는 작업을 선택하기 원한다.

적절한 대안을 선택하기 위해서는 맥락을 이해할 필요가 있다. 그러므로 한 가지 작업을 완수하고 다음 작업을 당겨 올 때, 스스로에게 다음과 같은 '적절하고right' 논리적인 질문들을 해볼 수 있을 것이다. '가장 중요한 것은 무엇인가?', '어떤 것이 내게 주어진 시간의 양에 비추어 적합한가?', '장기적으로 볼 때 어떤 것이 도움이 되겠는가?', '내가 고려해야 하는

다른 이해관계자들에게 가장 중요한 것은 무엇인가?'

하지만,

어떤 상황들은 강한 감정적, 생리적 반응을 야기한다. 스스로에게 '하기 싫어! 안 할 거야!'라고 말할 수도 있고, '짜증 나네. 일단 텔레비전이나 봐야겠다.'라고 말할 수도 있으며, '아주 아주 아주 나중에 해야지.'라고 말할 수도 있다. 하지만 인간은 본능적으로 효과적이기를 원하기 때문에, 일을 미루는 것은 스스로를 불안하게 만든다. 결국은 불안해하고 짜증을 내다가 심지어는 화까지 내게 된다. 문제는 우리가 이러한 가장 기본적이고 원초적인 반응을 비합리적이라 여기며 무시한다는 사실이다. 하지만 이러한 감정적 반응들은 존중되어야 한다. 왜냐하면 거기에는 '어떠한 특정 상황들이 어떠한 방식으로 우리의 감정을 불편하게 만드는지'에 대한 진솔하고 의미 있는 피드백이 담겨 있기 때문이다.

이러한 감정은 안 좋았던 기억, 불안감, 그리고 미래에 대한 불확실함이 머무는 머릿속의 어둡고 복잡한 곳으로부터 나온다. 도전에 성공하는 것이나 실패하는 것 둘 다 미지의 세계로 들어가는 것이기 때문에, 기본적으로 도전한다는 것은 두려운 일이다. 어떤 도전은 필요나 강요에 의해서 어쩔 수 없이 해야 하는 것일 수도 있다. 어떤 도전은 예전에 실패한 경험이 있기에 또다시 실패할 수 있다는 두려움을 안고 있다. 또 어떤 도전은 자신이 잘하지 못하는 것을 다루어야 해서 괴롭기도 하고 겁도 난다. 바로 이러한 두려움들이 우리의 성장을 방해하는 것이다.

우리는 일반적으로 그러한 일들이 끔찍해질 때가 되어서야 과도하게 무리하여 긴급 상황을 만든다. 하지만 업무를 시각화해 놓으면, 머릿속 깊은 곳에 숨어 있는 하기 싫은 일들을 드러냄으로써, 우리의 노력을 보다 일찍 적절하게 배분할 수 있다. 만약 시각화가 없다면, 우선순위는 심사숙고 없이 감정적으로 결정될 것이다. 그렇게 되면 우리의 행동은 긴급 상황을 중심으로 이끌리고 휘둘린다. 결국 모든 것들이 긴급 상황이 될 때까지 운명론적이고 자기 패배적인 과정만을 반복할 것이다. 그리고 이러한 상황이 반복되면, 이것이 삶의 본연이라고 생각하기 시작할 것이다.

1장 초반에 제시했던 질문, 즉 '삶이 이런 식으로 흘러가는 것이 좋은가?'에 답을 해보자. 분명 '아뇨. 삶이 이런 식으로 흘러가는 것은 좋지 않지요. 삶은 훨씬 더 좋아야 해요!'라고 답할 것이다.

퍼스널 칸반은 업무를 객관화하고 명료화한다. 이것은 우리의 감정을 목표와 연계시켜주고, 두려움을 망상으로부터 점착식 메모지로 전환시켜준다. 시각화를 하면 실제 혹은 상상의 긴급 상황에 대해 우리가 어떻게 우선순위를 매기고 어떻게 대응해야 할지 알 수 있다. 시각화를 통해 우리는 업무 완수를 위한 계획을 세울 수 있으며, 또 유연성을 발휘하여 수시로 계획들을 수정할 수 있다. 또한 작업들의 우선순위도 상황에 따라 수시로 수정된다. 위험성 역시 자신감을 가지고 평가할 수 있다. 물론 잘못 판단할 때도 있겠지만, 전반적으로는 더욱 많은 정보를 가지고 의사결정을 내리게 될 것이다.

퍼스널 칸반은 우리가 진정으로 즐길 수 있고 잘할 수 있는 것을 찾게 해주며, 우리의 시간과 관심을 이에 맞춰 최적화할 수 있게 도와준다.

독자들이 이 책을 통해 두 가지를 얻어 간다면, 그것들이 다음과 같기를 바란다. 첫째, 보이지 않는 업무는 통제하기 어렵다. 둘째, 우리가 다룰 수 있는 것보다 더 많은 일을 해낼 수는 없다(해서는 안 된다!).

우리는 업무의 지도map, 서사narrative, 명확성clarity에 어떻게 인지적으로 대응하고 감정적으로 반응하는지를 배웠다. 그리고 철저하고 정교한 사전 계획이 얼마나 낭비적일 수 있고, 선택 가능한 많은 대안들을 모두 무시할 수 있다는 것을 알았다. 또한 상황과 맥락이 우리의 결정을 이끈다는 것도 배웠다. 한편, 회고를 통해 우리가 일하는 방식과 열정 그리고 잠재적 미래를 이해할 수 있다는 것을 배웠으며, 명확성이 결여된 상황에서 내린 결정은 위험한 의사결정이라는 것도 알게 되었다. 그리고 무엇보다, 삶은 복잡하지만 그렇다고 그것을 당연한 것으로 받아들여서는 안 된다는 것을 배웠다.

우리는 변화와 변동성variation이 자연스러운 것임을 인정할 필요가 있고, 우리 자신을 존중할 필요가 있다. 퍼스널 칸반은 우리가 삶의 복잡성을 이해하고 더 나은 의사결정을 내릴 수 있도록 도와주는 도구다. 여기에 성찰과 회고, 카이젠(지속적인 개선)을 덧붙이면 더 많은 정보를 얻게 되고, 주의가 더 깊어지며, 그러면서도 더 많은 여유를 갖게 된다.

물론 퍼스널 칸반은 만병통치약이 아니다. 오히려 그 안은 텅 비어 있다. 단지 가이드일 뿐이다. 퍼스널 칸반은 늘 변하고 진화해야 하며, 그래야 비로소 진정한 우리 삶의 지도가 되는 것이다.

부록

부록 A. 퍼스널 칸반의
프레임 응용 변형 사례

▶ 결과? 물론 수많은 결과를 얻어냈지. 하지만 결과로 이어지지 못한 것
들이 수천 가지도 더 된다네.　　　　　 - 토마스 에디슨Thomas Edison

　퍼스널 칸반은 당신의 실험실이다. 계속해서 조건을 바꿔보고, 새로운
데이터를 수집하며, 가설을 검증하거나 반증하고 혁신해 나갈 수 있다. 퍼
스널 칸반으로 실험을 하는 것은 허용을 넘어 강력히 권장할 일이다. 다만,
WIP를 제한하는 것만 확실히 하면 된다.

　1장에서 우리는 퍼스널 칸반의 기본 양식을 살펴보았다(대기 → 진행 중
→ 완료). 다른 도구들과 마찬가지로 퍼스널 칸반도 오랫동안 사용하여 익
숙해지면 '업그레이드upgrade'를 해야 한다. 상황에 대한 명확한 이해를 바

탕으로, 약간의 창조성을 더하여 업무를 시각화하면 얼마든지 상호작용하며 학습할 수 있는 방법이 넘쳐난다.

여기서는 퍼스널 칸반의 변형된 시각화 방식 몇 가지를 소개하고자 한다. 이 예시들은 각각 다른 관점에서 업무를 보다 심도있게 추진하기 위해 시도되었던 것들이다.

다시 한번 강조하지만, 퍼스널 칸반을 만드는 데 옳고 그른 방법은 없다. 그것은 오직 당신의 상상력과 구할 수 있는 재료의 한계에 의해서만 제한이 된다. 칸반 보드에 새로운 열이나 가치 흐름을 추가할 수도 있고, 동그란 원형으로 구성할 수도 있으며, 자석이나 벨크로(일명 찍찍이) 또는 레고를 활용하여 구성해 볼 수도 있다. 제대로 동작하지 않을까 봐 다양한 방식으로 시각화해 보는 것을 두려워하지 말라. 이러한 시행착오가 당신에게 가장 잘 맞는 것을 찾아줄 것이다.

FIP Future-In-Progress 와
다중 가치 흐름 multiple value streams

싱글맘인 제시카Jessica는 무척 바쁘게 산다. 그녀는 직장을 두 군데 다니는데, 둘은 각각 도시의 반대편에 위치해 있다. 또한 그녀는 재무상담사 자격증 취득 공부를 하고 있으며, 철인 3종 경기 출전을 위해 훈련을 하고 있고, 게다가 책도 쓰고 싶어 한다. 또한 자기 사업을 시작할까도 생각 중이고, 학위 하나를 더 딸지도 고려 중이다. 이 밖에도 하고 싶은 것이 많다.

수학자이자 무형 자산 전문가이기도 한 제시카는 판을 벌여 놓은 것이 너무 많아, 늘 WIP 제한값을 넘긴다. 돈을 버는 것은 그 많은 일들 중 하나일 뿐이다.

어느 일요일, 우리는 브런치를 먹으며 그녀의 퍼스널 칸반을 계획했다. 그녀가 좋아하는 것, 그녀가 중요하게 여기는 것, 또 그녀의 열망이 무엇인지에 대해 토론했다. 대화는 세 시간 동안이나 지속됐지만, 사실 우리는 몇 분도 채 지나지 않아서 제시카의 문제를 명확히 알아낼 수 있었다. 그녀는 목표 지향적goal-oriented인 수준을 넘어서 '목표 수집가goal-collector'에 가까웠던 것이다. 제시카는 다른 것에 우선하여 그것을 먼저 통제할 필요가 있었다. 잘 정의되고 달성 가능한 목표를 설정하는 것은 칭찬할 만한 일이지만 그 목표들이 감당할 수 있는 것보다 많은 작업들을 만들어낸다면, 그것은 분명 교정이 필요했다.

그녀에게는 '진행 중인 현재 일(WIP: Work-In-Progress)'보다 '진행 중인 미래 일(FIP: Future-In-Progress)'을 제한하는 것이 더 시급했다. 우리는 그렇게 의견을 모으고, 자격증, 철인 3종 경기, 책 쓰기, 그 외 여러 목표들 중에서 단 두 개만 선택하기로 합의했다. 그 두 개에 전력 질주를 하는 것이다. 그중에서 자격증은 그녀의 직업과 재정적 상황을 위해 당장 필요한 것이었다. 그것은 제외할 수 없었다. 또한 철인 3종 경기는 그녀가 규칙적으로 운동하고 건강한 생활 방식을 유지하도록 동기를 부여하는 것이기에, 그것 또한 제외하지 않았다. 하지만 나머지 목표들은 나중에라도 시도할 수 있는 것들이기에, 과감히 제외했다. 지금 당장은 FIP의 한도를 2로 제한하여 선택과 집중을 하는 것이 중요했다. 그렇게 해야 목표가 성공에 이를 수 있는 가능성이 높아진다. 이것이 첫 번째 단계였다.

두 번째는 그녀의 FIP를 일반 WIP와 연계하여 시각화하는 것이었다. 제시카의 철인 3종 경기 훈련에는 반복적인 것과 반복적이지 않은 것이 모두 포함되어 있었다. 예를 들어, 그녀는 매일 일정량의 칼로리를 소비하고, 비타민을 섭취하며, 수영/자전거/달리기 운동을 해야 했다. 그런데 이러한 반복적인 일들이 퍼스널 칸반의 WIP 3개를 모두 차지했다. 그러나 그녀는 여전히 자격증 공부도 해야만 했다.

만약 칸반 보드에 점착식 메모지는 잔뜩 붙어 있는데, 정작 가치 있는 정보들은 별로 없다면 어떻게 될까? 퍼스널 칸반은 질에 관한 것이지 양에 관한 것이 아니며, 효과성에 관한 것이지 생산성에 관한 것이 아니다. 단순히 작업을 쌓아두지 말고 가치를 제공해야 한다.

퍼스널 칸반은 정보를 쌓아 올리기 위한 '정보 축적기'가 아니라 정보를 흘려 내보내기 위한 '정보 방열기'다. 그러므로 제시카의 퍼스널 칸반도 다음과 같이 실시간적이고 실용적인 정보들을 제공해야 한다.

- 무슨 요일에 어떤 운동을 했는가?
- 운동하는 동안 지구력 수준은 어떠했는가?
- 어떤 운동에서 경쟁력이 가장 높은가?
- 어떤 운동을 할 때 성과가 가장 낮은가?
- 운동을 마친 후 기분 상태는 어떠했는가?
- 칼로리 섭취량이 운동량과 일치했는가?
- 며칠 동안 공부에 집중할 수 있었는가?
- 가장 자신 있는 학습 모듈은 어떤 부분인가?
- 어렵게 느껴지는 학습 주제는 무엇인가?

이러한 정보로 무장하게 되면 자신의 운동량이 어느 부분에서 뛰어나고 어느 부분에서 부족한지 알 수 있다. 또한 자신의 훈련 시간과 공부 시간이 충돌하는 곳을 볼 수 있다. 운동이 삶의 다른 측면에 미치는 영향도 관찰할 수 있다. 게다가 일과 가정의 불균형을 짚어낼 수도 있다. 그래서 필요에 따라 그 경로를 수정할 수도 있다.

오늘 할 일	진행 중(2개)	완료

① 철인 3종 경기 준비

	일	월	화	수	목	금	토
식이조절(D)		1800vv	1800vv	2000vv			
운동(W)		20 ☺	20 ☹	☺	20H	20H	20E

② 자격증 취득 준비

백로그	계획	학습	점검

　제시카와 함께 이 작업을 진행하면서, 그림에서 표시되지 않은 '백로그'는 모두 다른 벽에 작성해두었다. 제시카는 자발적으로 메모지 색상을 달리하여 작업의 유형을 구분하였고, 이 점착식 메모지들은 자연스럽게 '오늘 할 일' → '진행 중' → '완료' 형식의 가치 흐름을 따라 흘러갔다. 하지만 이런 것들이 여기에서 특별히 언급하고자 하는 차별점은 아니다.

　특이한 것은 그녀의 퍼스널 칸반 하단에 두 종류의 레인lane 이 별도로 추가되어 있다는 점이다. 이 레인들은 특정 작업에 대한 가치 흐름을 보여주는데, 첫 번째 레인은 철인 3종 경기 훈련을 위한 전용 레인이고, 두 번째 레인은 자격증 취득 준비를 위한 전용 레인이다. 우선 첫 번째 레인에는 다음과 같은 두 가지 지표가 들어 있다.

① 철인 3종 경기 준비

	일	월	화	수	목	금	토
식이조절(D)		1800vv	1800vv	2000vv			
운동(W)		20 ☺	20 ☹	☺	20H	20H	20E

- 식이조절Diet : 매일 매일의 칼로리, 수분, 비타민 섭취를 추적한다. 〈칼로리〉는 '숫자'로 기록하고, 〈물〉과 〈비타민〉은 일일 권장량이 충족되었음을 의미하는 '체크 마크(v)'로 표시한다.

- 운동Workout : 〈운동 시간〉과 〈운동의 강도〉, 그리고 운동에 대한 〈주관적 안녕감SWB (6장 참고)〉이 모두 여기에 표시된다. 표시된 숫자 '20'은 20분간의 유산소 운동을 의미한다. 'E, M, H'는 각각 Easy, Medium, Hard의 운동 강도를 나타내며, 행복(☺)하거나 슬픈(☹) 얼굴 '이모티콘'은 운동에 대한 제시카의 주관적 안녕감SWB 을 나타낸다.

이러한 지표들은 제시카의 노력과 진척 현황을 보여줄 뿐 아니라, 이후의 운동 계획을 수립하는 기준이 되기도 한다.

② 자격증 취득 준비

백로그	계획	학습	점검

두 번째 레인은 자격증 취득 준비에 관한 것이다. 제시카는 학습 계획, 학습, 문제 풀이 모두를 포함시키고 싶어 했다. 그래서 각 영역마다 WIP를 1로 제한하는 레인을 만들었다. 이제 제시카는 어느 시점에서든 단 하나의 모듈에 대해서만 학습을 할 수 있다.

제시카의 칸반 보드에는 다음 두 가지 접근 방식이 들어 있는데, 하나는 '분리적 접근법 Sequestering Approach'이고, 또 하나는 '대형 프로젝트 관리식 접근법 Large Project Approach'이다. 전자는 반복 작업을 다루고, 후자는 특정 프로젝트성 업무의 가치 흐름을 별도로 시각화한다. 이 둘에 대해서 좀 더 자세히 알아보자.

분리적 접근법 Sequestering Approach :
반복적인 작업 다루기

경기 출전을 위한 준비 관리에는 운동 성과, 영양, 신체 지표를 매일매일 추적하는 것이 필요하다. 그런데 이를 각각의 과업으로 나누지 않고 '철인 3종 경기를 위한 훈련'이라는 제목을 달아 하나의 포괄적인 과업으로 묶어 관리한다면 어떨까? 경기 준비를 위한 각각의 중요한 활동들이, 단기적으로 더 긴박하게 보이는 다른 작업들(특히 이러한 FIP와 관련되지 않은 업무들)에게 밀릴 위험이 있다. 그렇다고 이러한 반복적인 작업들을 각각의 과업으로 나누어 일반 WIP와 통합하여 관리한다면, 퍼스널 칸반은 매우 혼란스럽고 소모적인 모습이 될 것이다. 예를 들어, 만약 매일 세 명의 고객들에게 안부 전화를 돌려야 한다면, 그들에게 연락하라는 것을 상기시키는 점착식 메모지가 일주일에 총 15개나 될 것이고, 이는 꽤나 낭비적이다. 그러므로 이러한 유형의 상황에서는, 반복적인 작업들만 별도로 모아 시각화하고 관리하는 것을 고려해볼 수 있다. '분리적 접근법'은 바로 이러한 반복적인 작업들을 우아한 방식으로 처리할 수 있도록 특별히 고안된 것이다. 당신의 퍼스널 칸반 한쪽에 별도의 지정된 곳을 마련하고, 이런 작업들을 따로 분리하여 관리하자. 이러한 작업들은 완료가 되면 해당 날짜 칸에 단순히 체크 표시만 하면 되는 것이다.

대기	진행 중(3개)	완료

주기적 업무

업무명(Item)	주기(Repeat)	이전 날짜(Last)	다음 날짜(Next)	완료 여부(Done)
Ti-Tan	월간(Monthly)	6/28	7/10	✓
Team Meeting	일간(Daily)	–	–	✓
Check in w/LS	월간(Monthly)	6/15	7/15	
Check in w/LS	월간(Monthly)	6/10	7/10	

심지어 이러한 작업들이 습관화가 된 후에도, 이를 계속해서 시각화하는 것은 매우 중요하다. 이런 일들은 습관화 여부와 상관없이 여전히 WIP를 구성하고 점유하기 때문에 다른 작업에 대한 이들의 영향은 계속해서 인지가 되어야 한다.

대형 프로젝트
관리식 접근법 Large Project Approach

때때로 우리는 제시카의 철인 3종 경기 준비나 자격증 준비 같은 대규모 프로젝트를 수행하게 된다. 보통 이러한 프로젝트들은 수개월의 업무 수행이 예상되고, 수많은 관련 작업들을 수반한다. 그러므로 이와 같은 대형 프로젝트들은 다른 작업들과 분리하여 그 프로젝트만의 가치 흐름을 갖추고, 독립적인 진행 상황과 흐름을 추적하는 것이 필요하다. 그 이유는 다음과 같다.

책을 쓰고 있다고 가정해 보자. 이때 '책 쓰기'라는 점착식 메모지 하나를 '진행 중' 칸에 몇 달 동안 붙여 놓는 것으로는 프로젝트의 흐름을 제대로 이해하지 못한다. 그것만으로는 책 쓰기의 진행 상황, 챕터 진행 상황, 혹은 어디에서 왜 막혀 있으며, 어떠한 패턴으로 반복되고 있는지 등을 보여주지 못한다. 그렇기 때문에 이를 별도로 분리하여, 각 챕터에 대해 '사전 준비 → 집필 → 편집 → 2차 교정 → 마무리' 식의 책 쓰기 가치 흐름을 따라가며 진행 상황을 추적하는 것이 이상적이다.

이를 위해 당신의 퍼스널 칸반에 별도의 전용 레인을 추가하여 관련 작업을 시각화해 보자. 그러면 특정 프로젝트의 흐름을 관리할 수 있고 통찰할 수 있으며, 동시에 프로젝트 및 그 외의 업무를 모두 포괄한 전체적인 WIP 관리도 할 수 있을 것이다.

대형 프로젝트 관리식 접근법은 크게 두 단계로 이루어진다.

첫 번째는 프로젝트 전체를 포괄roll-up 하는 큰 덩어리의 작업을 우선 하나의 메모지로 시각화하는 것이다. 그림에서 〈진행 중〉 칸의 '책 쓰기'라고 적혀진 메모지가 이러한 포괄적 작업에 해당한다. 이 '책 쓰기' 업무는 당신의 WIP에 상시로 포함되어, 책 쓰기 프로젝트와 관련된 모든 세부 작업들의 대표 역할을 한다.

두 번째 단계는, 이 프로젝트를 위한 별도의 가치 흐름(그림의 하단에 있는 가치 흐름)을 통해 책 쓰기의 구체적인 진행 과정을 추적하는 것이다. 책 쓰기가 모두 완료될 때까지, 각 챕터들이 이 '책 쓰기' 가치 흐름 위를 한 단계씩 이동해 나가는 것은 물론이요, 이와 동시에 다른 독립적 작업('진행 중' 칸에 있는 다른 두 업무), 혹은 별도로 표시된 또 다른 가치의 대상들도 그것이 시각화되는 한 모두 함께 다룰 수 있게 된다.

긴급 대응식 접근법Emergency Response Approach :
예상치 못했던 업무 부하 다루기

우리의 삶에는 긴급 상황이 발생하기 마련이고, 또 긴급 상황에는 그에 따른 일들이 수반되기 마련이다. 우리가 결코 바라지 않은 일, 우리가 전혀 준비하지 않은 그런 일들 말이다.

신지어 그런 일들은 당김pull 시스템을 존중하지도 않는다.

내가 십 대였을 때, 토네이도 일곱 개가 연달아 네브라스카Nebraska 주의 그랜드 아일랜드Grand Island 지역을 강타한 적이 있었다. 그해 6월 3일, 토네이도로 5명이 사망하고 수백 명이 다쳤으며, 내 고향은 그야말로 초토화가 되었다. 그 광경이 얼마나 처참했는지, 할리우드에서 이를 소재로 TV 드라마를 만들 정도였다. 그 기록적인 밤이 지난 다음 날 아침이었다. 이 상황이 무척 황망하여 망연자실하면서도, 또다시 살아가야 하기에 이 문제를 해결하고자 마음을 다잡은 3만 명의 지역 주민들은 WIP의 한도를 훨씬 초과하는 일련의 작업들에 직면하게 되었다.

당시의 상황은 긴급 상황 중에서도 초긴급 상황이었고, 그 누구도 게으름을 피울 여유가 없었다. 사람들은 당장 머물 임시 주택을 찾아야 했고, 잔해로부터 쓸 만한 물건들을 구해야 했으며, 보험사와 일정을 잡고, 집의 잔해들을 제거하고, 재건 계획을 세우며, 그들의 삶을 재정비해야 했다. 이 모든 것들은 전기, 통신, 수도가 모두 단절되고, 섭씨 30도가 넘는 습하고 무더운 상황 속에서 진행되었다.

말 그대로, 폐허가 된 '집의 오버헤드roof overhead (지붕 서까래)'부터 '머릿속의 실재적 오버헤드existential overhead'까지 온통 '오버헤드 overhead' 투성이였다.

긴급 대응을 위한 퍼스널 칸반은 허리케인의 여파에 대처하는 데 실질적인 도움을 줄 수 있어야 했다. 새벽에 지하실에서 나와 보니, 집의 지상층이 모두 날아가 버렸다고 생각해 보라. 당신은 당장 지금부터 촌각을 다투는 예상치 못한 과업들(예: 임시 거처 구하기 등)의 집중포화를 받기 시작할 것이다. 더욱이 그중 많은 일들은 당신이 직접 해결할 수 없고, 외부의 회신을 기다려야 하는 일이다. 만약 이러한 일들을 WIP의 제한 값 범위 안에서만 순차적으로 처리한다면 어떻게 될까? 대부분의 시간을 전화 회신을 기다리거나, 요청이 처리되기를 기다리거나, 혹은 자료가 전달되기를 기다리는 데 소비해야 할 것이다. 다시 말해서, 긴급 대응 상황에서는 시작한 작업이 완료될 때까지 기다렸다가 다음 작업을 시작할 여유가 전혀 없다. '보험 서류의 재확인'같이 세부적인 하위 작업들을 일일이 추적하는 것도 거의 사치에 가깝다.

이런 상황에서는 표준적인 퍼스널 칸반을 사용하면 안 된다. 시작은 했지만 아직 완료되지 않은 작업들이 WIP를 틀어막고 있거나 보류PEN 칸을 메우고 있을 것이기 때문이다. 이러한 긴급 프로젝트는 다른 것들과 달리, 한 번에 여러 개의 작업을 관리하는 것이 필수적이다. 물론 이를 위해서는 고도의 통제와 집중이 필요하다.

불가피하게 멀티태스킹을 해야 하지만, 그럼에도 이 역시 통제 하에 있는 멀티태스킹이다. 만약 이를 위해 TO-DO LIST를 사용한다면 해야 할 일에 대한 설명만 담겨 있으므로 그것들의 진행 상태를 파악하거나 WIP를 제어할 수는 없다. 한편, 긴급 대응식 접근법은 이러한 TO-DO LIST의 한계를 극복할 수 있도록 고안된 몇 가지 유용한 기능을 가지고 있다.

긴급 대응식 접근법의 가치 흐름은 다음과 같으며, 이것들은 각각의 작업에 대하 진행 상태를 나타낸다.

- 시작BEGUN : 해당 작업을 시작한 경우
- 취합 중ASSEMBLING : 필요 서류나 다른 요구사항들을 모으고 있는 경우

- 취합 완료ASSEMBLED : 필요 서류가 모두 취합되었거나 요구사항들의 준비가 모두 완료된 경우
- 처리 중ACTIVE : 일이 진행 중에 있거나, 다른 누군가에게 위임되어 처리되고 있는 것을 기다리는 경우
- 완료COMPLETE : 일이 완료된 경우

할 일(Task)	시작 (Begun)	취합중 (Assembling)	취합 완료 (Assembled)	처리중 (Active)	완료 (Complete)	비고 (Notes)
수도, 가스, 전기 단절						
잔해물 분류하기						
쓸만한 물건 보관소 구하기						
못쓰는 물건 버리기						
철거 일정 잡기						
임시 거주처 구하기						
자동차 렌트하기						
입을 옷 사기						
보험사 연락하기						
약 새로 처방받기						
여분의 안경 맞추기						
우편함 설치하기						
신용카드 재발급 받기						
비자#1						
비자#2						
아멕스						
마스터가드						
학교 운영 여부 확인하기						
친척들에게 안부 연락하기						
정부 기관에 지원 요청하기						
냉장고 사기						
발전기 구하기						

긴급 대응식 접근법 칸반 보드에는 '비고NOTES' 란이 추가로 있는 것이 또 하나의 특징이다. 물론 이렇게 되면 비고 칸이 메모지로 꽉 찰지도 모르겠다. 하지만 이로 인한 기능적 혼란을 두려워하지 말고, 그것의 필요성을 먼저 생각하자. 이것이 최선이냐고? 물론 아니다. 그러나 우리의 삶이 그렇다. 삶은 전쟁 상황실war room 이다. 어떤 일이 일어나든, 그 모든 일이 어떻게 진행되고 있는지를 알 수 있고 또 살필 수 있어야 한다.

타임 캡슐식
접근법 Time Capsule Approach

중요하지만 긴급하지는 않은 수많은 작업들이 시간이 흐름에 따라 '백
로그'에 켜켜이 쌓여만 간다. 이러한 작업들은 처음에는 매우 간단한 일이
었을지도 모른다. 하지만 시간이 지남에 따라 일이 너무 커져서, 우리의 계
획에 영향을 미친다. 심지어는 이를 먼저 긴급하게 처리하기 위해 우선순
위를 높여야 하는 경우도 있다. 대수롭지 않아 보이는 이러한 작업들은 묵
히는 것이 오히려 낭비다. 5분이면 될 일이, 괜히 묵혀 뒀다가 나중에는 그
것을 진작에 하지 않은 것에 대해 사과를 하고 다니는 데만 30분 이상이
걸릴 수 있다.

타임 캡슐식 접근법 Time Capsule Approach 은 이러한 성가신 작업들을 처
리하는 데 도움을 준다. 하루 날을 잡아 칸반을 보고 이러한 유형의 작업들
을 찾아보자. 그리고는 이런 작업들을 모두 떼어 책상으로 가져다 놓고, 그

모든 일이 끝날 때까지 혹은 그 날 하루가 끝날 때까지 처리하자. 비록 하루 8시간이 꼬박 들어도, 불평과 불만을 하기보다는 이를 또 다른 학습의 기회로 생각하자. 그리고 그 작업들을 처리할 때는 책상 한 쪽을 '대기' → '진행 중' → '완료'의 세 공간으로 가상으로 구분하고, 이 흐름에 따라 점착식 메모지를 옮겨가며 처리하자.

이 접근법은 속도감 있게 처리하는 것이 생명이다. 그러므로 작업의 우선순위를 정하는 데 너무 많은 시간을 소비하지 말자. 마치 게임을 하듯 빨리빨리 해치우면 된다. 또한 다음과 같은 것들을 함께 고려해 보도록 하자.

• 작은 업무들을 몰아서 처리하자.

열이 날 때 가장 좋은 치료법으로, 오히려 땀을 흠뻑 내는 '이열치열(以熱治熱)'식 민간요법이 있다. 감염으로 인해 이미 체온이 높은데, 여기에 더해 열을 내는 것은 꽤나 힘든 일일 것이다. 그럼에도 어떤 사람들은 이것이야말로 몸을 아프게 하는 독소를 제거하는 가장 좋은 방법이라고 확신한다. 같은 이치로 '백로그'가 이러한 일들로 넘쳐날 때면 여기에 열을 가하여, 이를 집중적으로 처리하는 데 몰입하자. 5분짜리 자잘한 작업들을 계속해서 처리하는 것은 매우 성가신 일이다. 하지만 결국 '완료' 칸을 가득 채워 성취감을 느끼게 하고, '백로그' 칸을 비워 칸반 자체를 건강하고 의미 있게 만들어 준다.

• 모든 미사일을 한 번에 포격하자.

이메일 발송보다 간단한 작업들은 '진행 중' 칸으로 당겨오는 것이 그리

부담되지 않을 것이다. 타입 캡슐식 접근법의 최종 목표는 이러한 작업들을 최대한 많이 '완료'하는 것이다. 그러므로 완료를 향해 쉴 새 없이 움직이는 이러한 간단한 작업들은 동시에 여러 개를 진행하는 것도 괜찮다.

타입 캡슐식 접근법은 '백로그'의 혼란을 해소하기 위한 전술이라는 것을 기억하자. 특히 조직이 아닌 개인적 차원의 일은 변동성이 더 크기 때문에, '백로그'가 뒤죽박죽되는 것은 불가피하다. 하지만 '백로그'를 비우는 작업을 너무 자주, 적어도 한 달에 한 번 이상 한다면 그것 역시 문제가 있다. 이러한 경우라면, '일을 너무 잘게 쪼개고 있는지' 혹은 '우선순위를 잘못 정하고 있는지' 등을 포함하여 무엇인가 개선해야 할 점이 없는지를 꼭 점검해야 한다.

처리량 균형 유지식
접근법 Balanced Throughput Approach

그레이 힐에서 근무할 때, 나는 회사에서 유일한 아침형 인간이었다. 매일 아침 6시 30분에 출근을 하여 블로그에 포스팅하고, 이메일을 확인하고 회신하며, 일부 작은 작업들은 다른 직원들이 출근하는 8시 이전에 빠르게 처리하는 것으로 하루를 시작했다. 그런 작업들은 작고 힘들지 않았으며 약간은 즐겁기까지 했다. 그런 일련의 작업들을 빠르게 접시에 골라 담아 먼저 수행하는 것은 나의 하루에 탄력을 주었으며, 하루의 일과를 부드럽게 풀어내는 데 많은 도움을 주었다.

내가 다시 그때로 돌아가 퍼스널 칸반을 사용한다면, 처리량 균형 유지식 접근법 Balanced Throughput Approach 은 그런 종류의 일들을 시각화할 수 있는 좋은 방법이 될 것이다. 이 접근 방식은 빠르게 처리할 수 있는 몇몇 작은 작업들을 우선적으로 일정량 골라 먼저 완료하는 것이다. 그런 다음,

남은 하루 동안은 보다 크고 중요한 작업들을 처리하는 데 집중한다. 이 접근법의 목표는 질보다 양을 추구하는 것이 아니라, 작업의 크기와 유형의 균형을 맞추고 각각에 있어서 최소한의 작업량을 규칙적으로 처리해내는 것이다. 궁극적으로는 '백로그'에 일이 쌓이는 것을 막을 수 있어, 앞서 살핀 타입 캡슐식 접근법에서처럼 일을 한꺼번에 모아 온종일 진땀 흘려가며 처리해야 하는 마라톤 세션을 사전에 방지할 수 있다.

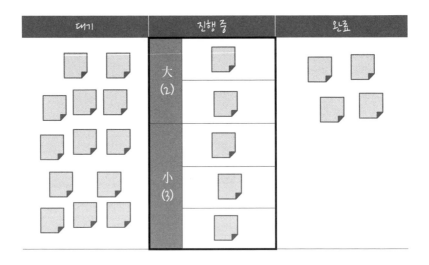

이 접근법을 칸반에 구현하면, 그림과 같이 큰(大) 규모의 작업과 작은 (小) 규모의 작업으로 나눌 수 있다. 지금 당장 빠르게 처리할 수 있는 작은 규모의 작업들은 WIP 제한값을 3개 갖고, 나중에 처리할 큰 규모의 작업들은 WIP 제한값을 2개 갖는 식이다.

※ 주의: 다섯 개의 업무(大 & 小) 중 먼저 완료한 작업이 있을지라도, 다섯 개가 모

두 완료될 때까지 점착식 메모지를 먼저 이동시키지 말자. 만약 먼저 완료한 작업을 이동시키고 또 다른 새로운 작업을 당겨와 처리하게 되면, 애초에 의도했던 처리량의 균형을 맞추기가 어렵기 때문이다. 이 접근법은 단순히 생산성만을 높이기 위해 업무 처리를 촉진하는 것이 아니다. 즉, 옮긴 점착식 메모지의 개수만을 최대화하기 위한 것이 아니라, 작업의 유형별로 각각의 처리량을 최대화하기 위한 것이다.

퍼스널 칸반과
뽀모도로POMODORO 테크닉

WIP 작업을 수행하는 데 있어 보다 완전한 몰입이 필요할 땐 뽀모도로 테크닉Pomodoro Technique 기법을 활용하기도 한다. 프란체스코 시릴로 Francesco Cirillo 가 고안한 이 시간관리 기법은, 업무를 수행하는 데 있어 25분간 몰입하고 5분간 휴식하는 과정을 반복하는 것이다. 고도의 집중력을 발휘하는 이 25분(요리 타이머, 인터넷 타이머, 또는 알람 타이머 등을 활용하여 시간 측정) 동안에는 주변의 방해 요소들을 모두 제거하는 것이다. 전화는 무음으로 해놓고, 커피가 식어도 참고 기다렸다가 휴식 시간이 되면 데우는 등, 이 시간은 당신이 초집중해야 하는 시간이다. 이 시간이 지나고 휴식을 취하며, 당신의 뇌도 그제야 겨우 한숨을 돌리며 긴장을 풀 수 있게 하자.

뽀모도로는 25분의 집중을 통해 WIP 처리를 도우며, 퍼스널 칸반을 완벽하게 보완해준다. 퍼스널 칸반은 당신의 작업들을 정리하고, 그 시점에서 필요한 최선의 업무를 당겨와 우선 수행하도록 하며, 나머지 일들도 다른 적절한 시기에 수행할 수 있도록 조직화한다. 뽀모도로는 이를 도와, 현재 수행하고 있는 업무에 더욱 몰입하여 완수할 수 있게 해준다.

※ 주의: 모든 작업에 25분 간격의 타임박스를 적용하려 하지는 말자. 탈진되지 않으려면, 뽀모도로 기법은 일부 작업에 한정하여 사용하자.

휴대용
퍼스널 칸반

학생, 컨설턴트, 부동산 중개업자, 헬스 트레이너, 퍼실리테이터, 교사, 지역 관리자, 학부모 같은 사람들은, 사무실에 가만히 앉아 고정된 퍼스널 칸반 보드에 항상 접근할 수 있는 그런 환경에 놓여 있지 않다. 그러므로 이런 사람들을 위해, 혹은 벽에 설치된 칸반 보드에 접근하기 힘든 시간을 보완하기 위해 휴대용 퍼스널 칸반이라는 대안을 제안한다. 이것은 언제 어디서나 업무를 시각화할 수 있는 기능적인 대안이다.

위 그림에 보이는 이동형 퍼스널 칸반은 간단한 업무 수첩과 작은 점착식 메모지를 활용하여 이를 구현하였다(업무 수첩 대신 서류 홀더를 사용해도 좋다). 업무 수첩 상단은 '대기'와 '진행 중'이 차지하고, 하단은 '완료'와 '보류'가 차지한다. 이렇게 하면 간단하고 효과적인 휴대용 퍼스널 칸반이 되어, 이동 상황에서도 업무를 관리할 수 있을 뿐 아니라, 집이나 사무실에 있는 더 큰 고정형 퍼스널 칸반과도 쉽게 동기화할 수 있다.[37]

---

37) 옮긴이주: 트렐로Trello 나 마이스터태스크MeisterTask 와 같은 온라인 도구를 이용해서도 이동형 퍼스널 칸반을 쉽게 구현할 수 있다. 특히 해당 프로그램은 피씨PC 에서 접속할 수 있는 웹Web 버전과 스마트폰에서 접속할 수 있는 앱App 버전을 모두 제공하며 동기화를 하고 있다. 따라서 사무실과 외부 어느 곳에서도 쉽게 접근하여 사용할 수 있다. 또한 이러한 온라인 도구는 다른 사람들과 공유하는 기능을 제공하고 있어 팀이나 조직의 칸반으로도 활용이 가능하다.

부록 B. 퍼스널 칸반
커뮤니티 소개

▶ 이 책을 활용하는 두 가지 규칙이 있다. 첫 번째는 보다 생산적이 될 수 있도록 이 책을 더 많이 학습하는 것이고, 두 번째는 이 책에 대해 더 많이 토론하는 것이다. – 로스 매이필드Ross Mayfield

퍼스널 칸반의 탄생은 필연적이었을지 모르지만, 이를 키워낸 것은 소셜 미디어에 의해서다. 우리는 'Evolving Web'이라는 블로그http://ourfounder.typepad.com 에 1장에서 언급했던 내용들을 연재하는 식으로 퍼스널 칸반에 대해 쓰기 시작했다. 그리고 그 반응은 즉각적이고도 열광적이었다(특히 트위터에서). 그래서 블로그와 트위터에 계속해서 글을 올렸고, 퍼스널 칸반을 함께 시도해 보고자 하는 글로벌 커뮤니티의 회원들과도 의견을 주고받으며, 우리가 생각했던 가정assumption 들을 계속 검증해 나갔다.

이를 계기로 여러 건의 퍼스널 칸반 관련 컨설팅 계약도 체결하게 되었고, 퍼스널 칸반 공식 웹사이트 http://personalkanban.com 도 탄생하게 되었다.

이런 의견 교환이 앞으로도 계속 이어지길 희망하며, 비단 저자들뿐 아니라 전 세계의 퍼스널 칸반 사용자들로 이어지길 바란다.

페이스북

페이스북을 통해 퍼스널 칸반 관련 사용자들을 만나고 활동에 함께 동참해 보자. 아이디어를 공유하거나, 질문을 하거나, 당신의 퍼스널 칸반 사진을 올리거나, 혹은 당신의 퍼스널 칸반 경험에 대해 논의해 보자. 또한 퍼스널 칸반 관련 최신 블로그 게시물이나, 팟캐스트 podcast, 발표 자료, 웹세미나 webinar 등의 알림을 받아보자. 이를 위해 퍼스널 칸반 커뮤니티 'PKFlow'의 일원이 되는 것을 추천하며, 이를 위해 해야 할 일은 퍼스널 칸반 페이스북 페이지 http://www.facebook.com/PersonalKanban 를 방문하여 '좋아요 Like'를 누르는 것이 전부다.

트위터

트위터에서 다음 계정들을 팔로우 follow 하자: '@personalkanban(퍼스널 칸반 커뮤니티)', '@ourfounder(짐 벤슨)', '@sprezzatura(토니안 드마리아 배리)'. 이 책의 탄생을 진정으로 가능케 했던 것은, 그 무엇보다도 퍼스널 칸반 트위터 커뮤니티였다. 활발히 활동하는 전 세계의 퍼스널 칸반 사용자들이 그들의 성공 경험을 이곳을 통해 공유했고, 새로운 시도에 대해 토론했으며, 자신만의 퍼스널 칸반을 공유했다. 트위터에 당신의 퍼스널 칸반 경험을 공유하고자 한다면, 해당 게시물에 해시태그 '#PKFlow'를 다는 것을 잊지말자. 그래야 퍼스널 칸반 커뮤니티 멤버들이 이를 확인하고 대화에 참여할 수 있을 것이다.

블로그

구글Google 웹Web 검색을 통해 퍼스널 칸반이 얼마나 광범위하게 활용되고 있는지를 가늠해 볼 수 있다. 주택 리모델링 관리에서부터, 휴가 모임 준비와 아이들 뒤치다꺼리 관리는 물론, 매일의 자신감 수준 추적에 이르기까지, 퍼스널 칸반을 활용한 자신의 변화와 경험에 대해 전 세계에서 수많은 글들이 올라오고 있다. 이러한 유형의 블로그 게시물들이 페이스북과 트위터를 통해 공유 및 확산되면서 퍼스널 칸반에 대한 토론을 크게 활성화시킨 것이다. 그러므로 당신의 퍼스널 칸반 관련 블로그 게시글을 퍼스널 칸반 커뮤니티를 통해 공유하는 것을 환영한다. 퍼스널 칸반 관련 블로그 게시물의 링크 주소를 트위터(트위터에 글을 올릴 때는 '#PKFlow' 해시태그를 다는 것을 잊지 말라.) 또는 퍼스널 칸반 페이스북 페이지에 공유하면 된다.

그밖에도 당연히 퍼스널 칸반 홈페이지 http://personalkanban.com 를 통해서도 다양한 퍼스널 칸반 사례들을 볼 수 있다.

이 책에 대한 찬사

우리 모두에게는 하루에 단 1,440분이 주어진다. 이 시간 동안 일과 가정 그리고 사회적 책임의 균형을 잡는다는 것은 꽤 어려운 일이다. 그러한 상황에서 이 매력적인 책이 설명하고 있는 바인, '업무를 시각화'하고 '진행 중 업무 수를 제한'하라는 간단한 혁신이 나를 매료시켰고, 그 덕에 나는 큰 성과를 거두고 있다. 이것은 여타의 다른 방법들보다 훨씬 자연스러운 접근법이며, 더 효과적으로 업무와 일정을 관리할 수 있는 도구이기도 하다.

마이클 A. 달튼Michael A. Dalton
도서 『Simplifying Innovation』의 저자

대부분의 개인 생산성 시스템personal productivity system 은 복잡계, 즉 업무들이 상호 연관되어 있는 속성을 제대로 반영하지 못하기 때문에 실패하곤 한다. 그러나 퍼스널 칸반은 이를 다룰 수 있는 가장 간단한 구조를 제공함으로써 당신으로 하여금 몰입flow 의 경지에 도달할 수 있게 해 줄 것이다.

로스 메이필드Ross Mayfield
Pingpad 대표

회사에서 혁신 관리를 담당하고 있는 임원으로서, 내 정신만큼은 절대로 정시 퇴근이 불가능하다. 그러나 다행히도 퍼스널 칸반에서 제공하는 방법들은 이러한 나의 직장생활과 가정생활 두 측면 모두에서 생산성과 개인 만족도를 크게 향상시켜 주었다. 그래서 나는 자신의 삶을 보다 잘 다루고 싶고 시간을 더 효과적으로 사용하기 원하는 사람들에게 이 책을 강력히 추천한다.

자베 블룸Jabe Bloom
TLC The Library Corporation CTO

이 책은 퍼스널 칸반의 기법이 얼마나 혁신적인지를 잘 보여준다. 일을 탁월하게 하고 싶다면 남녀노소 불문하고 반드시 이 책을 읽어야 한다. 또한 퍼스널 칸반은 단순하기 때문에 몸에 익히기도 쉽다. 이 책을 읽고 몸에 익히면서 당신과 당신의 삶에 따라 퍼스널 칸반이 변화하는 것은 물론, 퍼스널 칸반이 당신의 삶도 변화시킬 것이다.

패티 베이들먼Patty Beidleman

교육자, 비영리 활동가, 간병인, 엄마

효과성을 더 높이려고 노력 중인가? 그러면서 왜 군이 각종 프레임으로 가득 찬 일정 관리 수첩이나 특수 목적용 도구들 같은 복잡한 루브 골드버 그Rube Goldberg 시스템(간단한 일을 쓸데없이 복잡하게 처리하는 시스템 - 옮긴이)을 사용하는가? 이러한 도구들 대신, 당면한 작업들의 효과적인 관리는 물론이요 업무 처리 프로세스 자체를 보다 효과적으로 개선할 수 있는, 다시 말해 물 흐르듯 흐르면서도 주의를 집중시킬 수 있는 그런 시스템을 사용해 보는 것은 어떤가? 그것이 바로 퍼스널 칸반이다. 게다가 이 시스템은 맞춤형이다. 얼마든지 당신이 생각하는 방식과 행동하는 방식에 맞추어 사용할 수 있다.

제리 마이클스키Jerry Michalski

REX Relationship Economy eXpedition 창립자

퍼스널 칸반은 '트랜스 리터러시transliteracy [38]' 툴박스에 새롭게 추가된

---

38) 옮긴이주: '트랜스 리터러시transliteracy '는 필기/인쇄/영상/TV/인터넷/모바일은 물론 소셜 네트워크 서비스SNS 에 이르기까지 각종 플랫폼/도구/미디어 등을 넘나들며, 다양한 방법을 이용하여 읽고 쓰고 상호작용하는 능력을 말한다.

중요한 도구다. 나는 이미 이것을 아이폰 앱으로 즐기고 있다!

수 토마스Sue Thomas
前 드몽포르De Montfort 대학 창의기술연구소 소장

헌정사

인생은 길다. 그러면서도 인생은 짧다. 우리는 그 어떠한 것도 인생에서 혼자서 이룰 수 없다. 특히 앞선 이들은 이 세상을 떠난 지 십 수 년이 지난 후에도, 그 뒤를 잇는 사람들을 통해 계속해서 우리에게 영감을 준다. 가끔 온 그들의 말과 본보기가 떠올라 단숨에 우리의 마음을 가득 채우다가도, 금세 그리움만 남기고 공허하게 사라지곤 한다. 그러하기에 그들을 추억하며 감사하고 사랑하는 마음으로 이 책을 바친다.

코리 션 스미스Corey Sean Smith : 내 안의 창조적인 면을 일깨워 준 최초의 사람. 창의적이고 지적이며 영적인 표현이 궁극적으로는 하나이며 동일한 것이라고 가르쳐 준 사람. 걱정보다는 늘 실행에 더 많은 관심을 가졌던 사람. 그리고 언제나 내 편이었던 사람.

넬리 그레이 힐 벤슨Nellie Gray Hill Benson : 내 인생에 아주 잠깐 동안 곁에 있었지만, 성공의 진짜 모습이 어떠한 것인지(주도적이면서도 잘난 체하지 않고, 타협하지 않으면서도 유연한, 이상적이기보단 합리적이고 실용적인)를 늘 보여주었던 본보기.

짐 벤슨Jim Benson

로버트 G. 드펠리체Robert G. DeFelice : 예술에 대한 그의 열정은, 오로지 그의 무한한 관대함과 마음의 거대함만이 견줄 수 있다. 나에게 드로셀마이어Drosselmeyer 아저씨(호두까기 인형의 등장인물 – 옮긴이)와 같았던 그는, 동화를 읽기에 너무 많은 나이란 없다는 것과, 마술이 실제로 존재한다는 것, 그리고 천사들이 거의 확실히 우리 주변을 맴돌고 있다는 것을 어렸을 때부터 나에게 보여주었다.

앤소니 A. 드마리아Anthony A. DeMaria : 그의 죽음은 나에게 믿을 수 없는 크나큰 상실이지만, 그럼에도 나에 대한 그의 믿음만큼은 영원할 것이다. 그는 나의 가장 위대한 스승이었고, 그의 말은 여전히 나에게 영감을 준다. 그의 맹렬하기까지 했던 충실함, 지식에 대한 갈증, 나폴리Naples 식 유머감각, 아름다운 인생la bella vita 에 대한 감사는 그가 남긴 풍부한 유산 중 일부에 지나지 않는다. 그를 아빠라고 부를 수 있었던 것은 특권이었고, 그의 이름을 따서 이름을 지은 것은 크나큰 영광이다.

토니안 드마리아 배리Tonianne Demaria Barry

감사의 글

우리 곁을 떠난 지 오랜 시간이 지난 후에도 결코 상상할 수 없었던 방법으로 매일 우리에게 영감을 주는 사람들을 위해 앞서 헌정사를 썼다. 이와 더불어 다음 사람들에게도 감사의 글을 바친다. 그들이 제공한 정보와 헌신은 이 책의 수준을 향상시켰을 뿐만 아니라, 그 과정에서 이 책의 저자인 우리 역시 더욱 성장하게 되었다.

짐Jim의 아내 비비안Vivian은 퍼스널 칸반의 초창기부터 곁에서 함께하며 퍼스널 칸반의 성장과 개선을 위해 아주 중요한 역할을 해왔다. 비비안은 언어 병리학자였기에 그녀를 통해 학습 스타일, ADHD 및 아스퍼거 증후군의 복잡성, 언어 인지 발달 단계와 관련한 통찰을 배울 수 있었고, 그녀가 직접 퍼스널 칸반을 활용하는 것을 보며 이에 대한 피드백 또한 즉각적이고 명확하게 받을 수 있었다. 그녀는 이 책을 쓸 수 있게 만드는 데 혁혁한 지원을 해주었을 뿐만 아니라, 특히 초반에는 아이디어가 발전되도록 직접적인 영감을 많이 주었다. 번치Bunchie, 고마워요!

앤 C. 마이너Ann C. Miner는 초반부에는 글쓰기의 원칙을 잡는 데 도움을 주었고, 후반부에는 이 책을 더욱 단단하게 만드는 데 다시금 도움을 주었다. 첫 번째 책을 쓰게 되면 그녀를 가장 먼저 그리고 가장 중요하게 언급하고 감사의 말을 쓰리라고 오래 전부터 생각해 왔다. 대학에 함께 다녔을 때부터 지칠 줄 모르고 함께 일해 왔던 그녀는 늘 혹독한 비평가이자 멋진 철학적 스파링 파트너였다.

친구이자 동료인 코리 라다스Corey Ladas는 최고의 '사운딩 보드sounding board('반향판'을 지칭하는 단어로, 필자의 이야기를 진지하게 경청해 주고 허심탄회하게 의견을 주고받는 사람을 의미함 - 옮긴이)'로서, 이 책의 발전에 진정으로 도움이 되는 핵심적인 의견을 제시해 주었다. 우리는 수많은 시간을 통해 린Lean, 애자일Agile, 동기부여, 경제, 소셜 미디어, 커뮤니케이션, 철학 등을 함께 논의했다. 그의 예리하면서도 창의적인 생각은 정말 탁월했으며, 내 머릿속을 계속 맴돌며 영향을 주었다. 이 책을 자세히 살펴보면, 족히 1년은 우리가 함께 사무실 벽면에 합동 퍼스널 칸반을 만들어 사용했다는 사실도 알 수 있을 것이다.

토니안 드마리아 배리Tonianne DeMaria Barry는 1년 365일 함께 일하고 꿈꾸며 만들고 성장하고, 그리고 때로는 말다툼을 하기도 하는 동료다. 이보다 멋진 협업자는 없을 것이다.

윌리엄 로우든William Rowden 과 데이비드 J. 앤더슨David J. Anderson 이 없었다면 퍼스널 칸반도 없었을 것이다. 윌리엄은 무작위로 보낸 사내 메일에 회신을 보내주어 우연히 알게 된 사람인데, 그 때 그는 켄트 벡Kent Beck 의 저서 '익스트림 프로그래밍[39]' 한 권을 내 책상 위에 던져 주었다. 그 후로 10여 년간 우리는 함께 탐구하며 관련 소프트웨어도 만들고 사업도 했다. 또 누군가를 코칭하는 제3자적 관점이 아닌, 우리가 직접 주체가 되어 1인칭 관점에서 이것저것을 시험해 보고 프로세스를 개선했다. 한편 데이비드는 골드랫Goldratt 박사의 제약 이론(TOC: Theory of Constraints)을 칸반에 적용하여 발전시키고, 책까지 썼다. 이로 인해 우리는 1년 동안 함께 제약 이론TOC 을 깊게 탐구할 수 있었다.

부모님 도날드 벤슨Donald Benson 과 제니퍼 벤슨Jennifer Benson 은 삶의 본보기가 되어주셨다. 또한 생각하는 것을 좋아하고 관습적인 것을 싫어하며 공정성을 갈망하는 태도를 형성하는 데 지대한 영향을 주셨다. 가장 중요한 것은 가정과 나라를 위해 공헌해야 한다는 생각을 갖게 해 주신 점이다.

~~~~~~~~~~

39] 『익스트림 프로그래밍』 (원제: Extreme Programming Explained — Embrace Change / 켄트 백, 신시아 안드레스 지음 / 김창준, 정지호 번역 / 인사이트)

웹사이트 시애틀 린 커피http://seattle.leancoffee.org 의 주요 참여자들인 제러미 라잇스미스Jeremy Lightsmith, 가스 튜터Garth Tutor, 조 저스티스Joe Justice, 웨스 말도나도Wes Maldonado, 존 바흐Jon Bach, 다운 헤밍어Dawn Hemminger, 제스 브라운Jesse Brown 역시 불에 기름을 부은 사람들이다.

그 외에도 지난 몇 년 동안 함께 학습하며 아이디어를 내고 중요한 깨달음으로 이끌어준 친구 및 동료들이 더 있다. 그들은 의미 있는 수많은 의견과 방향을 제시해 주었다. 낸시 화이트Nancy White, 제이 피엔버그 Jay Fienberg, 존John, 수잔 본 세건Susan von Seggern, 제리 마이클스키Jerry Michalski, 하워드 린골드Howard Rheingold, 존 래머Jon Ramer, 제닌 앤더슨 Jeanine Anderson, 그렉 맥키넌Greg MacKinnon, 켄 탐슨Ken Thompson, 프랭크 프로젠자노Frank Provenzano, 에드 비엘메티Ed Vielmetti, 케빈 자네Kevin Jahne, 앨런 캐디Alan Cady, 바트 시마Bart Cima, 채드 나비티Chad Nabity, 사이먼 본Simon Bone, 크리스토퍼 J. 존Christopher J. Zorn, 몬테 페이지Monte Page, 제시카 마골린Jessica Margolin, 트레버 블래이크Trevor Blake, 이들 모두에게 감사를 표한다.

웨이웍스Wayworks 의 창의적인 천재 크리스 뱅스Chris Banks 와 린포크 Lynne Faulk 가 원서의 레이아웃을 멋지게 디자인해 주었다. 이에 매우 감사한다.

가장 바쁜 시기임에도 기꺼이 시간을 내어 웹 디자인 작업을 해준 마커

스블룸MarcusBloom 의 사이먼 마커스Simon Marcus, 제이브 블룸Jabe Bloom, 맷 모런Matt Moran, 라이언 니퍼Ryan Neuffer 에게도 감사를 전한다.

불규칙한 수익으로 인한 고통을 함께 나누며, 우리가 꼭 필요한 순간에 자금의 원천이 되어준 앤 마이너Ann Miner 에게도 감사를 표한다.

낸시 화이트Nancy White, 탐 맥클러스키Tom McClusky, 카르멘 메디나 Carmen Medina, 로스 메이필드Ross Mayfield, 수 토마스Sue Thomas, 제리 마 이클스키Jerry Michalski, 마이클 달튼Michael Dalton, 매리 앨리스 해프트Mary Alice Haft 에게도 감사한다. 그들은 각자의 방식을 통해 모든 영감을 전해주 었다. 그들의 시간, 노력, 은혜에 깊은 감사를 드린다.

퍼스널 칸반 초기에 다양한 시도를 하며 목소리를 내준 분들의 귀중한 피드백이 없었다면 이 책은 결코 빛을 보지 못했을 것이다. 우리가 처음 블 로그에 게시물을 올렸을 때, 이 아이디어를 받아들여 사용해본 초기 사용 자들이 빠르게 피드백을 줌으로써 사운딩 보드sounding board (반향판) 역할 을 해 주었다. 그들의 노력이 없었다면 퍼스널 칸반이 이렇게 빠르게 성장 하여 글로벌한 커뮤니티로까지 성장하지 못했을 것이다. 폴 이스타브룩 Paul Eastabrook, 크리스토퍼 비어Christopher Beer, 패티 비들먼Patty Beidleman, 요아킴 선든Joakim Sunden, 피터 헐트그렌Peter Hultgren, 마리차 반 덴 휴벨 Maritza van den Heuvel, 조 대거Joe Dager, 멜라니 해븐 길버트Melanie Haven Gilbert, 재니스 린덴 리드Janice Linden-Reed, 모건Morgan, 데릭 휴더Derek

Huether가 바로 그 사람들이다. 이들 모두에게 감사를 전한다.

마지막으로, 우리가 요청했던 최고의 음식과 환경을 제공해준 셰프 호세 아드레스Jose Andres와 지금은 고인이 된 벤 알리Ben Ali에게도 깊은 감사를 드린다.

> ▶ 할 일을 단 하나만 선택하고 집중하여 완전히 끝낸다면, 사람들은 이를 쉽게 알아챌 것이다.　　　　　　　－ 트레버 블래이크Trevor Blake

저자) 짐 벤슨 Jim Benson

짐 벤슨이 퍼스널 칸반을 만들기까지는 많은 경험들이 밑바탕 됐다. 대학 시절부터 30여 년 동안, 그는 도시 계획가로서 철도 교통 시스템과 도심 보행 환경 walkable neighborhoods 을 조성하는 업무를 하기도 했고, 그래이 힐 솔루션스 Gray Hill Solutions 의 공동소유주로서 기업 소프트웨어 및 주요 정부 기관의 웹사이트 개발에 참여했으며, 가장 최근에는 모더스 코오퍼앤드아이 Modus Cooperandi 라는 회사의 협업 경영 전문 컨설턴트로서 크고 작은 조직의 업무 환경을 개선해주고 있다. 이러한 그의 경력을 관통하는 공통된 주제는 '공동체 community' 이다. 그의 주된 업무는 '공동체'의 물리적, 규제적, 기술적, 감정적, 재정적, 정치적 영역을 다루는 것이다.

짐 벤슨은 크고 작은 기업, 정부 및 비영리 단체와 함께 일하며, 그들이 지속 가능한 협업 경영 시스템 collaborative management systems 을 만들 수 있도록 돕고 있다. 그와 그의 회사 모더스 코오퍼앤드아이는 제조업에서의 린 Lean 원칙과 소프트웨어 개발에서의 애자일 Agile 방법론, 그리고 소셜 미디어의 커뮤니케이션 기술을 결합하여, 협업 경영 시스템 조성을 위한 프로세스, 도구, 인프라를 만들어내고 있다. 그럼에도 불구하고 이러한 도구들이 잘 작동하게 만드는 열쇠는 다름 아닌, 이를 뒷받침하는 '조직 문화'다.

한편, 음식 이야기를 빼놓고는 짐 벤슨에 대해 모두 논했다고 이야기할 수 없다. 만약 공동체와 혁신에 관한 열정적인 이야기를 듣고 싶어 그의 트위터나 페이스북을 팔로우한다면, 음식에 대한 사랑을 엿볼 수 있는 게시물도 많이 보게 될 것이다. 그는 전 세계를 여행하며 맛있는 음식을 먹고 요리하고 그것에 대해 이야기 나누는 것을 좋아한다. 그래서 그에게 가장 좋아하는 음식을 고르는 것은, 가장 좋아하는 노래를 고르는 것만큼이나 고통스럽다. 그럼에도 불구하고 꼭 골라야만 한다면, 'Cantonese Siu Yoch'와 'Wu Goch'를 들겠다. 이 음식이야 말로 인간 음식 진화의 최고봉이라 하겠다. 또한 햄버거도 매우 좋아한다. 그는 'Ben's chili half-smoke'를 먹기 위해 워싱턴 D.C.로 날아가기도 한다.

트위터 계정: @ourfounder

저자) 토니안 드마리아 배리Tonianne DeMaria Barry

토니안 드마리아 배리의 컨설팅 경력은 패션 산업부터 정부 기관, 비영리 단체, 포춘지 선정 100대 기업, 스타트업 그리고 국제 개발까지 광범위하다. 그녀는 역사를 전공했으며, 역사적 지식은 그녀의 경영 컨설팅에도 잘 녹아 있다. 특히 사업에 있어서 과거의 현재 가치가 너무 과소평가되는 경향이 있다고 그녀는 늘 이야기한다.

토니안은 항상 고객들에게, 어떠한 일이 '왜' 그리고 '어떻게' 일어나는지를 물으며, 그 기관의 역사적 산물artifacts 을 찾아 분석하고 해석할 수 있게 해준다. 이를 통해 조직 문화에 내재되어 있는 이야기와 가치를 끄집어내고 활용하여, 구성원들로 하여금 그러한 자신들의 역사를 바탕으로 일의 우선순위를 정하고, 목표를 달성하며, 정보에 기반한 창의적인 의사결정을 내릴 수 있도록 도와준다. 고객들이 과거와 현재의 상황을 인식하고, 사건들의 상호 연관성과 흐름에 대해 인정하고 감사하며, 거기에서 도출되는 패턴으로부터 교훈을 얻어 미래를 더 잘 계획할 수 있도록 돕는 것이 그녀의 일이다. 이러한 원리는 퍼스널 칸반에서도 크게 다르지 않다.

그녀는 현재 짐 벤슨과 함께 모더스 코오퍼앤드아이에서 일하며, 최근에는 세계은행World Bank 및 UN과의 계약을 포함한 다양한 프로젝트를 진행하고 있다.

여가시간에는 싱글 몰트single malt 위스키의 세계를 탐험하거나, 센트럴

파크Central Park의 베데스다Bethsda 분수 아래에서 핫도그를 먹거나, 혹은

카메라 렌즈를 통해 일상 속에서 마법을 발견하는 것을 즐긴다.

　트위터 계정: @sprezzatura

옮긴이 **박성진**

대박성진이라는 별명을 사용하는 박성진은 컴퓨터 공학을 전공하고, 2005년 SK텔레콤에 입사하여 기술 엔지니어로 10여 년간 근무했다. 당시 소속 조직이 소프트웨어 개발 부서가 아니었기에, 자연스럽게 비(非) 소프트웨어 개발 조직에서 애자일 방법론을 활용하여 협업 시너지를 높일 수 있는 방법이 무엇인지 줄곧 고민해왔다. 그리고 그 고민은 이후 HRD(인력 개발 부서)로 옮긴 후에도 수년간 계속되고 있다. 현재는 SK 그룹의 사내 대학 'mySUNI'의 '혁신디자인College' 소속 연구원Research Fellow 으로 재직 중이다.

이러한 여정에 있어, 그는 '산업 및 조직심리학'과 '경영학' 석사, '기술경영학' 박사 학위 과정을 통해 학문적인 탐구도 하고, 다양한 방법론들과 도구들을 학습하며 실질적인 기법들을 익히기도 했다. 또한 퍼실리테이션facilitation 을 학습하며 국제퍼실리테이션협회International Association of Facilitators, IAF 의 인증전문퍼실리테이터Certified Professional Facilitator, CPF 자격을 취득했고, 디자인씽킹Design Thinking 을 학습하고 익혔으며, 한국TOC협회에서 이사로 활동하며 제약이론Theory Of Constraints, TOC 을 탐색하고 있다.

이러한 그의 경력을 관통하는 공통된 관심 주제는 '활사개공(活私開公)', 즉 '개인의 자율성과 자발성을 극대화하여 공공의 이익을 함께 도모하는 것'이다. 그는 이를 실현할 수 있는 구조와 문화를 디자인하고 구현하는 설계자architect가 되어, 세상의 많은 직장인들에게 행복을 가져다주는 것을 꿈꾼다. 이 책을 번역한 것도 그러한 이유이다.

여가시간에는 맥주 한 캔을 손에 쥐고 아내와 함께 드라마를 시청하며 웃고 울며 수다를 떠는 것을 좋아한다. 그 와중에도 학습에 도움이 될 만한 동영상 클립을 추출해 내는 것은 또 다른 취미이자 직업병이다.

페이스북: 대박성진 http://www.facebook.com/sungjin.bigpark

이메일: poohv21@nate.com

회사) 모더스 코오퍼앤드아이 | MODUS COOPERANDI

'협업을 통한 성과 창출 Performance through Collaboration'

짐 벤슨은 수년 간 여러 팀과 협업하면서 그들의 상호 작용을 관찰한 끝에 이 모토를 세우게 되었다. 팀원 중 누군가의 일이 막히면 동료들이 나서서 도와주고, 좋은 아이디어가 나오면 다른 사람들이 더 발전시킨다. 이렇듯 효과적인 effective 팀은 협업을 통해 효율 efficiency 을 높이게 되고, 나아가 쓰루풋 throughput 을 향상시키며, 낭비를 줄이고 사기를 높이게 된다.

모더스 코오퍼앤드아이는 '협업 collaboration'을 집단 성과 창출의 원동력으로 여긴다. 이와 관련하여 정보의 공유, 상호 학습, 신속한 문제해결, 과업에 대한 집단 책임감, 우선순위의 조정, 목표 완수, 양질의 결과 창출을 위한 강한 몰입은 성공적인 팀을 구성하는 중요 요소이다. 모더스는 개인에서부터 다국적 기업과 국제기구에 이르기까지, 크고 작은 다양한 조직들과 일하며 그들이 진정으로 협업할 수 있도록 도왔다. 낭비는 사실 사람들이 침묵할 때 발생하는 법이다. 따라서 모더스는 팀의 현재와 미래에 꼭 필요할 수 있는 대화를 이끌어내기 위해 팀과 함께 노력한다.

이 밖에도 성과에 직접적으로 영향을 미치는 요인으로는 정책, 성장, 파트너십 등이 있다. 집단을 둘러싼 성과 창출 압박도 주요한 요인이며, 내부 정치 같은 것들도 커다란 영향을 미친다. 특히 이러한 것들은 팀이나 조직이 나름대로의 역동성을 가지고 있기에 그 모습이 각양각색이다. 그러하기에 팀들은 각자의 상황에 맞게 스스로가 협업 시스템을 만들어내고, 제약을 명시적으로 이끌어내며, 혁신을 도모하고, 의미 있는 성과 지표를 설정할 수 있어야 한다. 또한 이러한 것들이 체계적이고 지속적일 수 있도록 하는 도구와 기법들도 팀 스스로 만들고 개선해 나가야 한다. 따라서 모더스는 팀이 이러한 것들을 학습하고 익힐 수 있도록 그들을 돕는다.

이와 관련된 최신 출판물과 동영상은 http://moduscooperandi.com/ 에서 확인 가능하다.

퍼스널 애자일
퍼스널 칸반

1판 1쇄 발행 2020년 6월 15일
1판 2쇄 발행 2020년 7월 23일

지은이 짐 벤슨, 토니안 드마리아 배리
옮긴이 박성진

펴낸이 구기욱
펴낸곳 쿠퍼북스
등록 제 2015-000119호
주소 서울시 강남구 테헤란로 22길 9, 아름다운빌딩 9층
전화 02-562-8220
팩스 02-562-0810
이메일 koofa@koofa.kr
홈페이지 www.koofa.kr

편집 박연수
디자인 박마리아

정가 20,000원
ISBN 979-11-957290-4-3

* 쿠퍼북스는 (주)쿠퍼실리테이션그룹의 출판브랜드입니다.

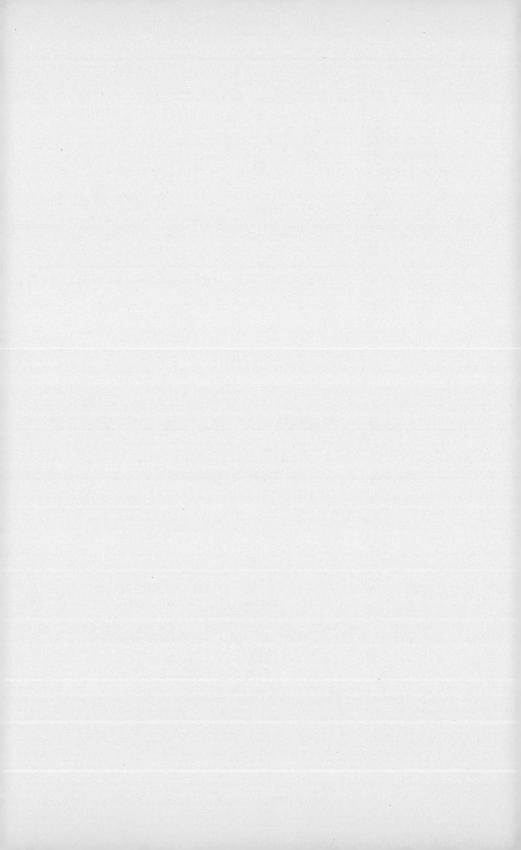